Antônio Richard Trevisan

Flávia Clara Bezerra Trevisan

A MATEMÁTICA DO ENSINO MÉDIO COM USO DO SOFTWARE MAXIMA

1ª EDIÇÃO

São José do Rio Pardo

2024

A MATEMÁTICA DO ENSINO MÉDIO COM USO DO SOFTWARE MAXIMA

ISBN: 978-65-01-01402-9

Antônio Richard Trevisan

Flávia Clara Bezerra Trevisan

1ª EDIÇÃO

São José do Rio Pardo

2024

Nota sobre os autores:

Antônio Richard Trevisan
É professor desde 2001 nas áreas de ciências exatas, produção de trabalhos acadêmicos e laboratórios experimentais, mestre em processos de ensino, gestão e inovação, especialista nas áreas de educação e ciências exatas, graduado em gestão financeira e licenciado em matemática, física e pedagogia, possui formação técnica e aperfeiçoamentos em eletroeletrônica, dificuldades de aprendizagem, educação especial e inclusiva.

Flávia Clara Bezerra Trevisan
Tem experiência profissional desde 2001 nas áreas de saúde e educação, possui mestrado na área de ensino, especializações nas áreas de farmácia, psicopedagogia e neurociências, formação técnica e aperfeiçoamentos nas áreas de saúde e educação. É graduada em farmácia-bioquímica e licenciada em pedagogia, biologia, química, educação física, ciências e matemática.

Publicação:
Clube de Autores Publicações S/A.
CNPJ: 16.779.786/0001-27.

Câmara Brasileira Do Livro
Consulta do Registro do ISBN:
http://www.cblservicos.org.br/isbn/pesquisa/

Dados Internacionais de Catalogação na Publicação (CIP)

```
T814   Trevisan, Antônio Richard
           A matemática do ensino médio com uso do software
       MAXIMA / Antônio Richard Trevisan; Flávia Clara
       Bezerra Trevisan. 1ª ed. – São José do Rio Pardo,
       SP. Ed. do autor, 2024.

           79p.

           ISBN: 978-65-01-01402-9


           1. Matemática. 2. Ensino Médio. 3. Software
       MAXIMA. I. Trevisan, Antônio Richard. II. Trevisan,
       Flávia Clara Bezerra. III. Título.

                                           CDD 510.07
                                           CDU 600
```

Sumário

Apresentação

Considerando a dimensão dos meios tecnológicos na sociedade e a inserção destes no ambiente escolar é imprescindível alinhar a educação aos recursos tecnológicos existentes. A utilização de metodologias de ensino que fazem uso dos meios tecnológicos é de grande importância para aproximar a tecnologia da realidade dos alunos e ampliar as práticas de ensino docente. Este livro tem como público-alvo, professores e estudantes da área de exatas, que buscam aprender a trabalhar com o programa MAXIMA, visando demonstrar a importância da utilização de softwares livres para o ensino de ciências exatas em escolas de ensino médio.

Este livro foi desenvolvido a partir de experimentos práticos realizados pelos autores, que elaboraram atividades matemáticas e utilizaram o software MAXIMA para executar as resoluções. Todas as imagens foram feitas a partir das telas de exercícios resolvidos por meio do software, após comandos efetuados pelos autores.

Assim, este livro foi elaborado para que você, leitor, possa usufruir de uma ferramenta tecnológica útil para a ampliação dos seus conhecimentos na área de exatas e para a sua capacitação no uso da informática educativa.

Nossos sinceros agradecimentos ao Prof. Dr. Alexandre Henrique de Martini, que nos apresentou o MAXIMA no ano de 2010, incentivando seu uso em sala de aula e por diversas vezes esclarecendo nossas dúvidas com relação aos comandos do software.

Introdução

Os estudos referentes ao uso das Tecnologias da Informação e Comunicação (TICs) em sala de aula têm comprovado os benefícios que estas ferramentas oferecem quando utilizadas como recurso didático nas diversas áreas do conhecimento.

Neste contexto, o presente livro, destaca a importância da utilização de softwares livres no ensino de ciências exatas. Os avanços tecnológicos é algo que deve ser inserido em sala de aula como forma de facilitar e/ou aperfeiçoar o processo ensino-aprendizagem.

O software MAXIMA é um programa de grande utilidade na motivação, compreensão e experimentação de diversos tópicos da matemática do ensino médio, onde cada vez mais é necessário criar, em sala de aula, um ambiente multimídia com sons e movimentos que interajam com o professor, o aluno e o assunto abordado, e não fazer com que os ensinamentos ocorram de forma abstrata, simplesmente através da imaginação do aluno.

Em sala de aula, a utilização do MAXIMA e de outros softwares, não apenas como forma de aproximar a tecnologia da realidade dos alunos, mas, também com o objetivo de ampliar os conhecimentos na área de exatas e apresentar as diversas formas que o docente possui para ensinar, avaliar e aprimorar os conceitos matemáticos e científicos, trazendo para a sala de aula formas inovadoras e eficazes de ensino. Uma vez que o software MAXIMA proporciona uma qualidade imensa na projeção de gráficos, dos quais, não seriam tão fidedignos se estes fossem feitos à mão livre em lousa.

O Software MAXIMA, pode ser obtido gratuitamente através de diversos sites da internet, localizados através da página do Google (www.google.com.br), ou diretamente pelo link: http://sourceforge.net/projects/maxima/files/

1   Operações Matemáticas Básicas

Antes de iniciarmos os conteúdos de matemática do ensino médio, faremos uma revisão dos tópicos mais importantes da educação fundamental, necessários ao ensino médio, tais como: operações com números inteiros, decimais e fracionários, equações e funções polinomiais, bem como os gráficos delas.

Iniciaremos nossa revisão abordando as operações fundamentais da matemática que são a adição, subtração, multiplicação e divisão, mas juntaremos a elas a potenciação e a radiciação.

As operações matemáticas são representadas no software MAXIMA por:

• Adição (+);

• Subtração (-);

• Multiplicação (*);

• Divisão (/);

• Potenciação (^);

• Radiciação (**sqrt**) abreviatura para "**square root**" (raiz quadrada). Quando o índice da raiz for diferente de 2, transformamos o radical em potência com expoente fracionário e usamos potenciação.

Para encerrar os comandos no MAXIMA, é necessário digitar ponto e vírgula (;).

1.1   Adição

Para executar uma adição, como por exemplo, 2 + 3, digitamos *2+3;* (no MAXIMA todos os comandos são encerrados com ponto e vírgula) e teremos a janela abaixo:

```
xmaxima
 File   Edit   Options   Maxima   Help
Maxima 5.21.1 http://maxima.sourceforge.net
using Lisp GNU Common Lisp (GCL) GCL 2.6.8 (a.k.a. GCL)
Distributed under the GNU Public License. See the file COPYING.
Dedicated to the memory of William Schelter.
The function bug_report() provides bug reporting information.
(%i1) 2+3;
```

Em seguida teclamos *enter* e surgirá o resultado da operação, como vemos na próxima janela:

```
xmaxima
File  Edit  Options  Maxima  Help
Maxima 5.21.1 http://maxima.sourceforge.net
using Lisp GNU Common Lisp (GCL) GCL 2.6.8 (a.k.a. GCL)
Distributed under the GNU Public License. See the file COPYING.
Dedicated to the memory of William Schelter.
The function bug_report() provides bug reporting information.
(%i1) 2+3;
(%o1)                                                        5
(%i2)
```

Na imagem acima, o resultado da operação aparece à direita. No final da tela o símbolo (%i2) nos indica, que já podemos digitar uma segunda operação.

Para executar uma operação com números decimais, como por exemplo, 1,2 + 3,4, digitamos *1.2+3.4;* apertamos o botão *enter* e teremos a janela abaixo, com a resposta *4.6*, ou seja, 4,6.

```
xmaxima
File  Edit  Options  Maxima  Help
Maxima 5.21.1 http://maxima.sourceforge.net
using Lisp GNU Common Lisp (GCL) GCL 2.6.8 (a.k.a. GCL)
Distributed under the GNU Public License. See the file COPYING.
Dedicated to the memory of William Schelter.
The function bug_report() provides bug reporting information.
(%i1) 2+3;
(%o1)                                                        5
(%i2) 1.2+3.4;
(%o2)                                                        4.6
(%i3)
```

Para efetuar uma operação algébrica, é necessário colocar o símbolo de multiplicação entre a parte numérica e a parte literal, por exemplo, para escrevermos 2x devemos digitar *2*x*.

Tomemos por exemplo, as operações abaixo:

1)   x + x =
2)   3x + 2x =
3)   x + y =
4)   x + y + 2x =

Para efetuá-las, basta digitar os comandos a seguir:

1)   *x+x;*
2)   *3*x+2*x;*
3)   *x+y;*

4) *x+y+2*x;*

E obteremos as soluções, conforme a janela abaixo:

```
xmaxima
File  Edit  Options  Maxima  Help
Maxima 5.21.1 http://maxima.sourceforge.net
using Lisp GNU Common Lisp (GCL) GCL 2.6.8 (a.k.a. GCL)
Distributed under the GNU Public License. See the file COPYING.
Dedicated to the memory of William Schelter.
The function bug_report() provides bug reporting information.
(%i1) x+x;
(%o1)                                                          2 x
(%i2) 3*x+2*x;
(%o2)                                                          5 x
(%i3) x+y;
(%o3)                                                         y + x
(%i4) x+y+2*x;
(%o4)                                                        y + 3 x
(%i5)
```

Ainda trabalhando com números decimais, para executar como exemplo a operação 2,1y + 3,1y, digitamos *2.1*y+3.1*y*; apertamos o botão **enter** e teremos a janela abaixo.

```
xmaxima
File  Edit  Options  Maxima  Help
Maxima 5.21.1 http://maxima.sourceforge.net
using Lisp GNU Common Lisp (GCL) GCL 2.6.8 (a.k.a. GCL)
Distributed under the GNU Public License. See the file COPYING.
Dedicated to the memory of William Schelter.
The function bug_report() provides bug reporting information.
(%i1) 2.1*y+3.1*y;
(%o1)                                                         5.2 y
(%i2)
```

1.2 Subtração

Para executar uma operação de subtração, como por exemplo 5 - 3, digitamos *5-3;* apertamos **enter** e teremos a janela a seguir.

```
xmaxima
File  Edit  Options  Maxima  Help
Maxima 5.21.1 http://maxima.sourceforge.net
using Lisp GNU Common Lisp (GCL) GCL 2.6.8 (a.k.a. GCL)
Distributed under the GNU Public License. See the file COPYING.
Dedicated to the memory of William Schelter.
The function bug_report() provides bug reporting information.
(%i1) 5-3;
(%o1)                                                          2
(%i2)
```

Para executar uma operação com números decimais, como por exemplo, para resolvermos a operação 5,2 – 2,1, digitamos *5.2-2.1;* apertamos *enter* e teremos a janela abaixo.

```
xmaxima
File  Edit  Options  Maxima  Help
Maxima 5.21.1 http://maxima.sourceforge.net
using Lisp GNU Common Lisp (GCL) GCL 2.6.8 (a.k.a. GCL)
Distributed under the GNU Public License. See the file COPYING.
Dedicated to the memory of William Schelter.
The function bug_report() provides bug reporting information.
(%i1) 5-3;
(%o1)                                                          2
(%i2) 5.2-2.1;
(%o2)                                                        3.1
(%i3) |
```

Para executar uma operação algébrica, como por exemplo 5z – 3z, digitamos *5*z-3*z;* apertamos *enter* e teremos a janela a seguir.

```
xmaxima
File  Edit  Options  Maxima  Help
Maxima 5.21.1 http://maxima.sourceforge.net
using Lisp GNU Common Lisp (GCL) GCL 2.6.8 (a.k.a. GCL)
Distributed under the GNU Public License. See the file COPYING.
Dedicated to the memory of William Schelter.
The function bug_report() provides bug reporting information.
(%i1) 5*z-3*z;
(%o1)                                                        2 z
(%i2) |
```

Para executar uma operação com números decimais, como por exemplo, para resolvermos a operação 5,2z – 2,1z, digitamos *5.2*z-2.1*z;* apertamos *enter* e teremos a janela abaixo.

```
xmaxima
File  Edit  Options  Maxima  Help
Maxima 5.21.1 http://maxima.sourceforge.net
using Lisp GNU Common Lisp (GCL) GCL 2.6.8 (a.k.a. GCL)
Distributed under the GNU Public License. See the file COPYING.
Dedicated to the memory of William Schelter.
The function bug_report() provides bug reporting information.
(%i1) 5*z-3*z;
(%o1)                                                          2 z
(%i2) 5.2*z-2.1*z;
(%o2)                                                          3.1 z
(%i3)
```

1.3 Multiplicação

Para executar uma operação de multiplicação, como por exemplo, 5 · 3, digitamos
*5*3;* apertamos *enter* e teremos a janela a seguir.

```
xmaxima
File  Edit  Options  Maxima  Help
Maxima 5.21.1 http://maxima.sourceforge.net
using Lisp GNU Common Lisp (GCL) GCL 2.6.8 (a.k.a. GCL)
Distributed under the GNU Public License. See the file COPYING.
Dedicated to the memory of William Schelter.
The function bug_report() provides bug reporting information.
(%i1) 5*3;
(%o1)                                                          15
(%i2)
```

Para executar uma multiplicação com números decimais, como por exemplo 5,2 ·
2,1, digitamos *5.2*2.1;* apertamos *enter* e teremos a janela abaixo.

```
xmaxima
File  Edit  Options  Maxima  Help
Maxima 5.21.1 http://maxima.sourceforge.net
using Lisp GNU Common Lisp (GCL) GCL 2.6.8 (a.k.a. GCL)
Distributed under the GNU Public License. See the file COPYING.
Dedicated to the memory of William Schelter.
The function bug_report() provides bug reporting information.
(%i1) 5*3;
(%o1)                                                          15
(%i2) 5.2*2.1;
(%o2)                                                          10.92
(%i3)
```

Para executar uma operação de multiplicação algébrica, como por exemplo 5y · 3y, digitamos **5*y*3*y;** apertamos *enter* e teremos a janela abaixo.

```
xmaxima
File  Edit  Options  Maxima  Help
Maxima 5.21.1 http://maxima.sourceforge.net
using Lisp GNU Common Lisp (GCL) GCL 2.6.8 (a.k.a. GCL)
Distributed under the GNU Public License. See the file COPYING.
Dedicated to the memory of William Schelter.
The function bug_report() provides bug reporting information.
(%i1) 5*y*3*y;
                                                               2
(%o1)                                                       15 y
(%i2) |
```

Na tela acima, embora o expoente apareça do mesmo tamanho que a base, a resposta é perfeitamente compreensível ($15y^2$).

Para executar uma multiplicação com números decimais, como por exemplo, para resolvermos a operação 5,2a · 2,1a, digitamos **5.2*a*2.1*a;** apertamos *enter* e teremos a janela abaixo.

```
xmaxima
File  Edit  Options  Maxima  Help
Maxima 5.21.1 http://maxima.sourceforge.net
using Lisp GNU Common Lisp (GCL) GCL 2.6.8 (a.k.a. GCL)
Distributed under the GNU Public License. See the file COPYING.
Dedicated to the memory of William Schelter.
The function bug_report() provides bug reporting information.
(%i1) 5*y*3*y;
                                                               2
(%o1)                                                       15 y
(%i2) 5.2*a*2.1*a;
                                                               2
(%o2)                                                    10.92 a
(%i3) |
```

1.4 Divisão

Para executar uma operação de divisão, como por exemplo, 10 : 2, digitamos **10/2;** apertamos *enter* e teremos a janela abaixo.

```
xmaxima
File  Edit  Options  Maxima  Help
Maxima 5.21.1 http://maxima.sourceforge.net
using Lisp GNU Common Lisp (GCL) GCL 2.6.8 (a.k.a. GCL)
Distributed under the GNU Public License. See the file COPYING.
Dedicated to the memory of William Schelter.
The function bug_report() provides bug reporting information.
(%i1) 10/2;
(%o1)                                                          5
(%i2)
```

Mas, quando a divisão não é exata, como por exemplo, 5689 : 214, se digitarmos apenas 5689/214; e apertarmos enter, a divisão apenas aparece em forma de fração e o cálculo não é efetuado, como mostra a imagem a seguir.

```
xmaxima
File  Edit  Options  Maxima  Help
Maxima 5.21.1 http://maxima.sourceforge.net
using Lisp GNU Common Lisp (GCL) GCL 2.6.8 (a.k.a. GCL)
Distributed under the GNU Public License. See the file COPYING.
Dedicated to the memory of William Schelter.
The function bug_report() provides bug reporting information.
(%i1) 10/2;
(%o1)                                                          5
(%i2) 5689/214;
                                                            5689
(%o2)                                                       ----
                                                            214
(%i3) |
```

Para executar uma divisão não exata e obter o quociente na forma decimal, tomando o exemplo acima (5689 : 214), devemos digitar *5689/214, numer;* apertamos *enter* e teremos a janela abaixo.

```
xmaxima
File  Edit  Options  Maxima  Help
Maxima 5.21.1 http://maxima.sourceforge.net
using Lisp GNU Common Lisp (GCL) GCL 2.6.8 (a.k.a. GCL)
Distributed under the GNU Public License. See the file COPYING.
Dedicated to the memory of William Schelter.
The function bug_report() provides bug reporting information.
(%i1) 10/2;
(%o1)                                                          5
(%i2) 5689/214;
                                                            5689
(%o2)                                                       ----
                                                            214
(%i3) 5689/214, numer;
(%o3)                                          26.58411214953271
(%i4) |
```

Numa divisão, pode ser necessário conhecer o quociente inteiro e o resto correspondente. Para isso temos as funções **quotient** e **remainder**, exemplificando, se digitarmos os comandos abaixo.

```
(%i4) quotient(5689,214);
(%o4) 26
(%i5) remainder(5689,214);
(%o5) 125
```

Obteremos as respostas, conforme janela abaixo.

```
xmaxima
File  Edit  Options  Maxima  Help
Maxima 5.21.1 http://maxima.sourceforge.net
using Lisp GNU Common Lisp (GCL) GCL 2.6.8 (a.k.a. GCL)
Distributed under the GNU Public License. See the file COPYING.
Dedicated to the memory of William Schelter.
The function bug_report() provides bug reporting information.
(%i1) 10/2;
(%o1)                                                    5
(%i2) 5689/214;
                                                       5689
(%o2)                                                  ----
                                                        214
(%i3) 5689/214, numer;
(%o3)                                              26.58411214953271
(%i4) quotient(5689,214);
(%o4)                                                    26
(%i5) remainder(5689,214);
(%o5)                                                   125
(%i6) |
```

Ou seja, na divisão de 5689 por 214, obtivemos o quociente 26 e o resto 125.

Para executarmos uma divisão exata com números na forma decimal, tomando como exemplo 2,4 : 1,2, digitamos **2.4/1.2;** apertamos **enter** e teremos a janela abaixo.

```
xmaxima
File  Edit  Options  Maxima  Help
Maxima 5.21.1 http://maxima.sourceforge.net
using Lisp GNU Common Lisp (GCL) GCL 2.6.8 (a.k.a. GCL)
Distributed under the GNU Public License. See the file COPYING.
Dedicated to the memory of William Schelter.
The function bug_report() provides bug reporting information.
(%i1) 10/2;
(%o1)                                                    5
(%i2) 5689/214;
                                                       5689
(%o2)                                                  ----
                                                        214
(%i3) 5689/214, numer;
(%o3)                                              26.58411214953271
(%i4) quotient(5689,214);
(%o4)                                                    26
(%i5) remainder(5689,214);
(%o5)                                                   125
(%i6) 2.4/1.2;
(%o6)                                                   2.0
(%i7) |
```

A divisão pode não ser tão simples como as operações anteriores, por exemplo, para efetuar a divisão 10y : 2y, se digitarmos 10*y/2*y; e apertarmos enter, teremos a resposta errada $5y^2$, para que a resposta seja dada corretamente, devemos digitar *(10*y)/(2*y);* e apertar ***enter***, tendo como resposta correta 5, veja esses dois exemplos na janela abaixo.

```
xmaxima
File   Edit   Options   Maxima   Help
Maxima 5.21.1 http://maxima.sourceforge.net
using Lisp GNU Common Lisp (GCL) GCL 2.6.8 (a.k.a. GCL)
Distributed under the GNU Public License. See the file COPYING.
Dedicated to the memory of William Schelter.
The function bug_report() provides bug reporting information.
(%i1) 10*y/2*y;
                                                          2
(%o1)                                                    5 y
(%i2) (10*y)/(2*y);
(%o2)                                                     5
(%i3) |
```

Quando a divisão não é exata, como por exemplo, para efetuarmos a operação 5y : 2y, se digitarmos apenas 5*y/2*y; e apertarmos enter, obteremos a resposta em forma de fração 5/2, se quisermos a resposta em forma decimal, devemos digitar *(5*y)/(2*y), numer;* obtendo a resposta 2.5. É possível ainda resolver operações como por exemplo $5y^3$: 2y =, obtendo a resposta em forma de fração ou em forma decimal, digitando de uma das formas a seguir: *(5*y^3)/(2*y);* ou *(5*y^3)/(2*y), **numer;*** conforme a tela abaixo.

```
xmaxima
File   Edit   Options   Maxima   Help
Maxima 5.21.1 http://maxima.sourceforge.net
using Lisp GNU Common Lisp (GCL) GCL 2.6.8 (a.k.a. GCL)
Distributed under the GNU Public License. See the file COPYING.
Dedicated to the memory of William Schelter.
The function bug_report() provides bug reporting information.
(%i1) (5*y)/(2*y);
                                                          5
                                                          -
(%o1)                                                     2
(%i2) (5*y)/(2*y), numer;
(%o2)                                                    2.5
(%i3) (5*y^3)/(2*y);
                                                          2
                                                        5 y
(%o3)                                                   ----
                                                          2
(%i4) (5*y^3)/(2*y), numer;
                                                          2
(%o4)                                                  2.5 y
(%i5)
```

1.5   Potenciação

Para executar uma operação de potenciação, como por exemplo, 2^3 (2 elevado a 3), digitamos **2^3;** e apertamos **enter**.

Por meio do MAXIMA, operações com números decimais também são possíveis, como por exemplo, para efetuarmos $2,1^3$ digitamos **2.1^3;** e apertamos **enter**. E, para efetuarmos $2,1^{3,2}$ digitamos **2.1^3.2;** e apertamos **enter**. Veja na janela abaixo, esses três exemplos citados.

```
xmaxima
File   Edit   Options   Maxima   Help
Maxima 5.21.1 http://maxima.sourceforge.net
using Lisp GNU Common Lisp (GCL) GCL 2.6.8 (a.k.a. GCL)
Distributed under the GNU Public License. See the file COPYING.
Dedicated to the memory of William Schelter.
The function bug_report() provides bug reporting information.
(%i1) 2^3;
(%o1)                                                          8
(%i2) 2.1^3;
(%o2)                                               9.261000000000001
(%i3) 2.1^3.2;
(%o3)                                               10.74241047739471
(%i4) |
```

Para executar uma operação de potenciação algébrica, como por exemplo, $(2y)^3$ (2y elevado a 3), digitamos **(2*y)^3;** e apertamos **enter**.

Operações algébricas com números decimais, também tornam-se fáceispor meio do MAXIMA, por exemplo, para efetuarmos $(2,1y)^3$ digitamos **(2.1*y)^3;** e apertamos **enter**. Para efetuarmos $(2,1y)^{3,2}$ digitamos **(2.1*y)^3.2;** e apertamos **enter**. Veja na janela abaixo, esses exemplos.

```
xmaxima
File   Edit   Options   Maxima   Help
Maxima 5.21.1 http://maxima.sourceforge.net
using Lisp GNU Common Lisp (GCL) GCL 2.6.8 (a.k.a. GCL)
Distributed under the GNU Public License. See the file COPYING.
Dedicated to the memory of William Schelter.
The function bug_report() provides bug reporting information.
(%i1) (2*y)^3;
                                                            3
(%o1)                                                     8 y
(%i2) (2.1*y)^3;
                                                            3
(%o2)                                         9.261000000000001 y
(%i3) (2.1*y)^3.2;
                                                           3.2
(%o3)                                         10.74241047739471 y
(%i4) |
```

1.6   Radiciação

Para executar uma operação de radiciação, como por exemplo, raiz quadrada, usamos o comando **sqrt** que é uma abreviatura em língua inglesa para "**square root**" (raiz quadrada), este comando calcula a raiz quadrada de um número entre parênteses. Por exemplo, para calcularmos a raiz quadrada de 49, digitamos *sqrt(49);* apertamos *enter*, e teremos a janela abaixo.

```
xmaxima
File   Edit   Options   Maxima   Help
Maxima 5.21.1 http://maxima.sourceforge.net
using Lisp GNU Common Lisp (GCL) GCL 2.6.8 (a.k.a. GCL)
Distributed under the GNU Public License. See the file COPYING.
Dedicated to the memory of William Schelter.
The function bug_report() provides bug reporting information.
(%i1) sqrt(49);
(%o1)                                                              7
(%i2)
```

Para executar uma operação de radiciação com decimais, como por exemplo, raiz quadrada de 0,81, digitamos *sqrt(0.81);* e apertamos *enter*. Com relação aos números irracionais, como por exemplo raiz quadrada de 3, devemos digitar *sqrt(3), numer;* e apertar *enter* , para os dois exemplos citados, teremos a janela abaixo.

```
xmaxima
File   Edit   Options   Maxima   Help
Maxima 5.21.1 http://maxima.sourceforge.net
using Lisp GNU Common Lisp (GCL) GCL 2.6.8 (a.k.a. GCL)
Distributed under the GNU Public License. See the file COPYING.
Dedicated to the memory of William Schelter.
The function bug_report() provides bug reporting information.
(%i1) sqrt(0.81);
(%o1)                                                              0.9
(%i2) sqrt(3), numer;
(%o2)                                                1.732050807568877
(%i3)
```

Para executar uma operação de radiciação com uma raiz não quadrada (cúbica, quarta, quinta etc.) devemos transformar o radical numa potência com expoente fracionário e utilizar os conhecimentos obtidos em potenciação. Por exemplo, para efetuarmos os cálculos:

$$1)\ \sqrt{4} =$$
$$2)\ \sqrt[3]{8} =$$
$$3)\ \sqrt[3]{-8} =$$
$$4)\ \sqrt[4]{5^8} =$$

Devemos transformar os radicais para as seguintes potências:

1) $4^{\frac{1}{2}}$ =

2) $8^{\frac{1}{3}}$ =

3) $8^{-\frac{1}{3}}$ =

4) $5^{\frac{8}{4}}$ =

No exemplo 1 acima, por se tratar de uma raiz quadrada, ao invés de transformar o radical em potência com expoente fracionário, é possível usar o comando sqrt.

Os exemplos acima estão resolvidos na janela abaixo.

```
xmaxima
File  Edit  Options  Maxima  Help
Maxima 5.21.1 http://maxima.sourceforge.net
using Lisp GNU Common Lisp (GCL) GCL 2.6.8 (a.k.a. GCL)
Distributed under the GNU Public License. See the file COPYING.
Dedicated to the memory of William Schelter.
The function bug_report() provides bug reporting information.
(%i1) 4^(1/2);
(%o1)                                                          2
(%i2) 8^(1/3);
(%o2)                                                          2
(%i3) (-8)^(1/3);
(%o3)                                                        - 2
(%i4) 5^(8/4);
(%o4)                                                         25
(%i5)
```

Para executar uma operação algébrica de radiciação, como por exemplo, raiz quadrada de 49y², digitamos *sqrt(49*y^2);* apertamos *enter*, e teremos a janela a seguir.

```
xmaxima
File  Edit  Options  Maxima  Help
Maxima 5.21.1 http://maxima.sourceforge.net
using Lisp GNU Common Lisp (GCL) GCL 2.6.8 (a.k.a. GCL)
Distributed under the GNU Public License. See the file COPYING.
Dedicated to the memory of William Schelter.
The function bug_report() provides bug reporting information.
(%i1) sqrt(49*y^2);
(%o1)                                                    7 abs(y)
(%i2)
```

Na janela acima, a resposta foi dada como 7 abs (y), o que devemos entender apenas como 7y, o MAXIMA está informando com abs, que o valor de y é absoluto, ou seja, em módulo, pois no MAXIMA existe a possibilidade de se atribuir um valor negativo ao y e trabalhar com números complexos, como veremos no último capítulo deste livro.

Para executar uma operação de radiciação com decimais, como por exemplo, raiz quadrada de 0,81y⁴, digitamos *sqrt(0.81*y^4);* e apertamos *enter*.

Entrando no universo dos irracionais, como por exemplo raiz quadrada de $3y^2$, devemos digitar ***sqrt(3*y^2), numer;*** e apertar ***enter***, para os exemplos citados, teremos a janela abaixo com as respostas.

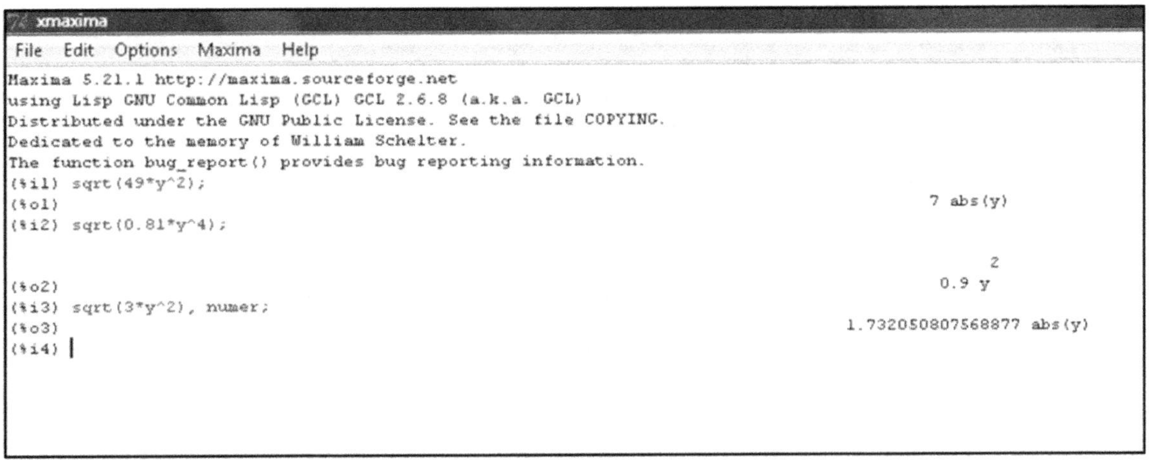

2   Expressões Numéricas e Algébricas

As expressões matemáticas podem ser resolvidas por meio do software MAXIMA, neste capítulo, apresentaremos resoluções de expressões numéricas e algébricas por meio do software.

2.1   Expressões Numéricas

Mesclando os conhecimentos adquiridos nas aulas anteriores, podemos resolver diversos tipos de expressões, tais como:

1) $2,5 + 3,458 - 4,21 =$
2) $2,4 : 8,9^2 =$
3) $2,23 \cdot 3,45 \cdot 4,54 =$
4) $(3,1 + 2,4)^3 + 2 \cdot (45,3 - 34,87)^2 =$

Digitando os comandos abaixo:

1)   *2.5+3.458-4.21;*
2)   *2.4/(8.9^2);*
3)   *2.23*3.45*4.54;*
4)   *((3.1+2.4)^3)+2*((45.3-34.87)^2);*

E obtendo as respostas, conforme janela a seguir.

```
xmaxima
 File   Edit   Options   Maxima   Help
Maxima 5.21.1 http://maxima.sourceforge.net
using Lisp GNU Common Lisp (GCL) GCL 2.6.8 (a.k.a. GCL)
Distributed under the GNU Public License. See the file COPYING.
Dedicated to the memory of William Schelter.
The function bug_report() provides bug reporting information.
(%i1) 2.5+3.458-4.21;
(%o1)                                                    1.748
(%i2) 2.4/(8.9^2);
(%o2)                                           0.030299204645878
(%i3) 2.23*3.45*4.54;
(%o3)                                                  34.92849
(%i4) ((3.1+2.4)^3)+2*((45.3-34.87)^2);
(%o4)                                                  383.9448
```

2.2   Expressões com sinais gráficos (Chaves, Colchetes e Parênteses)

Diferentemente de outros programas matemáticos e do Excel, o MAXIMA permite a utilização de chaves e colchetes em expressões. Mas, os retorna em volta da resposta final, como veremos na próxima figura.

Para resolver expressões mais complexas como a do exemplo abaixo:

{ [(4 · 5 + 7) + (8 : 4 + 6)] : 5 } =

Basta digitar:
{[(4*5+7)+(8/4+6)]/5};

E obteremos a resposta, conforme janela a seguir.

```
xmaxima
File  Edit  Options  Maxima  Help
Maxima 5.21.1 http://maxima.sourceforge.net
using Lisp GNU Common Lisp (GCL) GCL 2.6.8 (a.k.a. GCL)
Distributed under the GNU Public License. See the file COPYING.
Dedicated to the memory of William Schelter.
The function bug_report() provides bug reporting information.
(%i1) {[(4*5+7)+(8/4+6)]/5};
(%o1)                                                              [[7]]
(%i2) |
```

Na imagem acima, observamos que como mencionado, a resposta 7 aparece entre chaves e colchetes.

Podemos resolver a mesma expressão, usando apenas parênteses, da seguinte forma.

```
xmaxima
File  Edit  Options  Maxima  Help
Maxima 5.21.1 http://maxima.sourceforge.net
using Lisp GNU Common Lisp (GCL) GCL 2.6.8 (a.k.a. GCL)
Distributed under the GNU Public License. See the file COPYING.
Dedicated to the memory of William Schelter.
The function bug_report() provides bug reporting information.
(%i1) ( ( ( 4*5 + 7 ) + ( 8/4 + 6 )) /5 );
(%o1)                                                                   7
(%i2)
```

Resolvendo da maneira acima, usando apenas parênteses, a resposta fica mais "limpa".

2.3 Expressões Algébricas

Para resolver expressões algébricas como as dos exemplos abaixo:

5·(22x+3x) =
2·(5y-3y)+4·(6z-3z) =

Basta digitar:

5(22*x+3*x);*
(2(5*y-3*y))+(4*(6*z-3*z));*

E obteremos as respostas, conforme janela a seguir.

```
xmaxima
File  Edit  Options  Maxima  Help
Maxima 5.21.1 http://maxima.sourceforge.net
using Lisp GNU Common Lisp (GCL) GCL 2.6.8 (a.k.a. GCL)
Distributed under the GNU Public License. See the file COPYING.
Dedicated to the memory of William Schelter.
The function bug_report() provides bug reporting information.
(%i1) 5*(22*x+3*x);
(%o1)                                                         125 x
(%i2) (2*(5*y-3*y))+(4*(6*z-3*z));
(%o2)                                                         12 z + 4 y
(%i3)
```

2.4 Atribuição de Valores nas Variáveis Algébricas

O MAXIMA também nos permite resolver exercícios atribuindo valores as variáveis, como por exemplo: Calcule $2x + 3y$, sabendo que $x = 2$ e $y = 10$.

No MAXIMA, atribuímos valores as variáveis, da seguinte forma:

(%i1) x : 2;
(%o1) 2;
(%i2) y : 10;
(%o2) 10;

E, em seguida, digitamos o comando:

*(%i3) 2*x + 3*y;*

Obtendo a resposta, conforme janela a seguir.

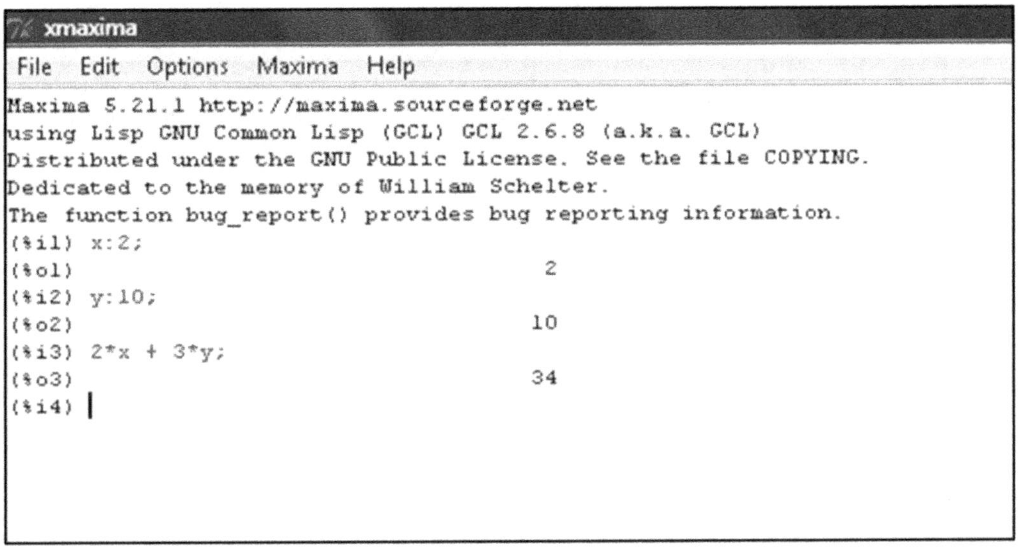
xmaxima
File Edit Options Maxima Help
Maxima 5.21.1 http://maxima.sourceforge.net
using Lisp GNU Common Lisp (GCL) GCL 2.6.8 (a.k.a. GCL)
Distributed under the GNU Public License. See the file COPYING.
Dedicated to the memory of William Schelter.
The function bug_report() provides bug reporting information.
(%i1) x:2;
(%o1) 2
(%i2) y:10;
(%o2) 10
(%i3) 2*x + 3*y;
(%o3) 34
(%i4)

3   Operações com Frações

O MAXIMA permite realizar todas as operações matemáticas envolvendo frações, como veremos neste terceiro capítulo.

3.1   Adição de Frações

Para adicionar 2 frações, como por exemplo:

$$\frac{3}{4} + \frac{1}{8}$$

Digitamos: *3/4+1/8;* e teremos a janela abaixo.

```
xmaxima
 File   Edit   Options   Maxima   Help

Maxima 5.21.1 http://maxima.sourceforge.net
using Lisp GNU Common Lisp (GCL) GCL 2.6.8 (a.k.a. GCL)
Distributed under the GNU Public License. See the file COPYING.
Dedicated to the memory of William Schelter.
The function bug_report() provides bug reporting information.
(%i1) 3/4+1/8;
                                                                      7
(%o1)                                                                 -
                                                                      8
(%i2) |
```

3.2   Subtração de Frações

Para subtrair uma fração de outra, como por exemplo:

$$\frac{5}{12} - \frac{1}{3}$$

Digitamos: *5/12-1/3;* e teremos a janela a seguir.

```
 xmaxima
File  Edit  Options  Maxima  Help
Maxima 5.21.1 http://maxima.sourceforge.net
using Lisp GNU Common Lisp (GCL) GCL 2.6.8 (a.k.a. GCL)
Distributed under the GNU Public License. See the file COPYING.
Dedicated to the memory of William Schelter.
The function bug_report() provides bug reporting information.
(%i1) 5/12-1/3;
                                                              1
(%o1)                                                        --
                                                              12
(%i2)
```

3.3   Multiplicação de Frações

Para multiplicar 2 frações, como por exemplo:

$$\frac{3}{4} \cdot \frac{1}{6},$$

Digitamos: *3/4*1/6;* e teremos a janela a seguir.

```
 xmaxima
File  Edit  Options  Maxima  Help
Maxima 5.21.1 http://maxima.sourceforge.net
using Lisp GNU Common Lisp (GCL) GCL 2.6.8 (a.k.a. GCL)
Distributed under the GNU Public License. See the file COPYING.
Dedicated to the memory of William Schelter.
The function bug_report() provides bug reporting information.
(%i1) 3/4*1/6;
                                                              1
(%o1)                                                        -
                                                              8
(%i2) |
```

3.4   Divisão de Frações

Para dividir uma fração por outra, como por exemplo:

$$\frac{2}{5} : \frac{8}{10}$$

Digitamos: *(2/5)/(8/10);* e teremos a janela a seguir.

```
File  Edit  Options  Maxima  Help
Maxima 5.21.1 http://maxima.sourceforge.net
using Lisp GNU Common Lisp (GCL) GCL 2.6.8 (a.k.a. GCL)
Distributed under the GNU Public License. See the file COPYING.
Dedicated to the memory of William Schelter.
The function bug_report() provides bug reporting information.
(%i1) (2/5)/(8/10);

                                                                   1
(%o1)                                                              ---
                                                                   2
```

3.5 Potenciação com Frações

Para elevar uma fração a um expoente, como por exemplo:

$$\left(\frac{2}{3}\right)^{2}$$

Digitamos: *(2/3)^2;* e teremos a janela a seguir.

```
File  Edit  Options  Maxima  Help
Maxima 5.21.1 http://maxima.sourceforge.net
using Lisp GNU Common Lisp (GCL) GCL 2.6.8 (a.k.a. GCL)
Distributed under the GNU Public License. See the file COPYING.
Dedicated to the memory of William Schelter.
The function bug_report() provides bug reporting information.
(%i1) (2/3)^2;

                                                                   4
(%o1)                                                              ---
                                                                   9
```

3.6   Radiciação com Frações

Para extrair a raiz quadrada de uma fração, como por exemplo:

$$\sqrt{\frac{49}{81}}$$

Digitamos: **sqrt(49/81);** e teremos a janela a seguir.

```
File   Edit   Options   Maxima   Help

Maxima 5.21.1 http://maxima.sourceforge.net
using Lisp GNU Common Lisp (GCL) GCL 2.6.8 (a.k.a. GCL)
Distributed under the GNU Public License. See the file COPYING.
Dedicated to the memory of William Schelter.
The function bug_report() provides bug reporting information.
(%i1) sqrt(49/81);
                                                            7
(%o1)                                                       -
                                                            9
(%i2)
```

3.7   Simplificação de Frações

O MAXIMA nos permite simplificar frações, como por exemplo:

$$\frac{3}{9}$$

Digitamos: **ratsimp(3/9);** e teremos a janela a seguir.

```
xmaxima

File  Edit  Options  Maxima  Help

Maxima 5.21.1 http://maxima.sourceforge.net
using Lisp GNU Common Lisp (GCL) GCL 2.6.8 (a.k.a. GCL)
Distributed under the GNU Public License. See the file COPYING.
Dedicated to the memory of William Schelter.
The function bug_report() provides bug reporting information.
(%i1) ratsimp(3/9);

                                                                1
(%o1)                                                           -
                                                                3
(%i2) |
```

3.8   Obtenção da Fração Geratriz de uma Dízima Periódica

Para obter a fração geratriz de uma dízima periódica, como por exemplo, para transformar a dízima periódica 1,33333... em fração, digitamos ***ratsimp(1.33333333);***

E teremos a janela abaixo.

```
xmaxima

File  Edit  Options  Maxima  Help

Maxima 5.21.1 http://maxima.sourceforge.net
using Lisp GNU Common Lisp (GCL) GCL 2.6.8 (a.k.a. GCL)
Distributed under the GNU Public License. See the file COPYING.
Dedicated to the memory of William Schelter.
The function bug_report() provides bug reporting information.
(%i1) ratsimp(1.33333333);
rat: replaced 1.33333333 by 4/3 = 1.333333333333333
                                                                4
(%o1)                                                           -
                                                                3
(%i2)
```

4   Múltiplos, Divisores e Números Primos

Neste capítulo, estudaremos os comandos do MAXIMA referentes a Números Primos, Números Compostos, Múltiplos, Divisores, Mínimo Múltiplo Comum (MMC) e Máximo Divisor Comum (MDC).

4.1   Divisores

Para obter todos os divisores de um número, como por exemplo do 80, basta digitar ***divisors(80);*** e teremos a tela a seguir.

```
xmaxima
File  Edit  Options  Maxima  Help
Maxima 5.21.1 http://maxima.sourceforge.net
using Lisp GNU Common Lisp (GCL) GCL 2.6.8 (a.k.a. GCL)
Distributed under the GNU Public License. See the file COPYING.
Dedicated to the memory of William Schelter.
The function bug_report() provides bug reporting information.
(%i1) divisors(80);
(%o1)                                    {1, 2, 4, 5, 8, 10, 16, 20, 40, 80}
```

4.2   Máximo Divisor Comum (MDC)

Para obter o Máximo Divisor Comum (MDC) entre 2 números, como por exemplo, para descobrir qual é o maior número divisor comum aos números 32 e 144, ou seja mdc(32;144), basta digitar ***gcd(32,144);*** para obter a tela a seguir.

```
xmaxima
File  Edit  Options  Maxima  Help
Maxima 5.21.1 http://maxima.sourceforge.net
using Lisp GNU Common Lisp (GCL) GCL 2.6.8 (a.k.a. GCL)
Distributed under the GNU Public License. See the file COPYING.
Dedicated to the memory of William Schelter.
The function bug_report() provides bug reporting information.
(%i1) gcd(32,144);
(%o1)                                                            16
(%i2)
```

4.3 Mínimo Múltiplo Comum (MMC)

O mmc não é tão simples como foi o mdc, para obter o menor múltiplo comum entre dois números, como por exemplo o mmc entre 6 e 9, devemos digitar *load(functs);*, para acionar a função que realizará essa operação e, em seguida, digitar *lcm(6,9);* para obter a tela a seguir.

```
xmaxima
File  Edit  Options  Maxima  Help
Maxima 5.21.1 http://maxima.sourceforge.net
using Lisp GNU Common Lisp (GCL) GCL 2.6.8 (a.k.a. GCL)
Distributed under the GNU Public License. See the file COPYING.
Dedicated to the memory of William Schelter.
The function bug_report() provides bug reporting information.
(%i1) load(functs);
(%o1)                             C:/PROGRA-1/MAXIMA-1.1/share/maxima/5.21.1/share/simplification/functs.mac
(%i2) lcm(6,9);
(%o2)                                                          18
(%i3) |
```

4.4 Números Primos

Para descobrir se um número é primo ou composto, digitamos primep(algum número); se o MAXIMA responder false o número não é primo, é composto. Se o MAXIMA responder true, o número é primo. Por exemplo, para descobrir se os números 15 e 41 são primos, digitamos os comandos a seguir no MAXIMA, obtendo a tela abaixo.

```
xmaxima
File  Edit  Options  Maxima  Help
Maxima 5.21.1 http://maxima.sourceforge.net
using Lisp GNU Common Lisp (GCL) GCL 2.6.8 (a.k.a. GCL)
Distributed under the GNU Public License. See the file COPYING.
Dedicated to the memory of William Schelter.
The function bug_report() provides bug reporting information.
(%i1) primep(15);
(%o1)                                                          false
(%i2) primep(41);
(%o2)                                                          true
(%i3)
```

Na janela acima, vemos que o MAXIMA indicou como falso a afirmação do número 15, ou seja, trata-se de um número composto. E, indicou como verdadeira a afirmação do número 41 sobre ele ser um número primo.

Para descobrir qual é o maior número primo existente antes de um número qualquer dado, digitamos prev_primep(algum número); e obtemos a resposta. Por exemplo, para descobrir qual é o maior número primo, existente antes do número 1587, digitamos *prev_prime(1587);* e obtemos a janela a seguir.

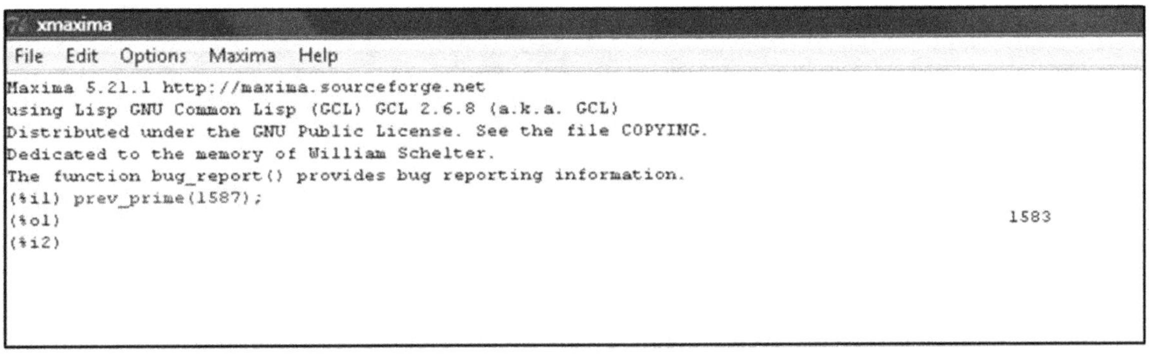

xmaxima
File   Edit   Options   Maxima   Help
Maxima 5.21.1 http://maxima.sourceforge.net
using Lisp GNU Common Lisp (GCL) GCL 2.6.8 (a.k.a. GCL)
Distributed under the GNU Public License. See the file COPYING.
Dedicated to the memory of William Schelter.
The function bug_report() provides bug reporting information.
(%i1) prev_prime(1587);
(%o1)   1583
(%i2)

5   Fatoração e Produtos Notáveis

Neste quinto capítulo vamos estudar produtos notáveis e conhecer as formas que o MAXIMA representa números e expressões como produto de fatores.

5.1   Decomposição em Fatores Primos

Para decompor um número composto em fatores primos, como por exemplo, para efetuarmos a decomposição do número 81 em fatores primos, basta digitarmos *factor(81);* e obteremos a tela a seguir.

```
xmaxima
File   Edit   Options   Maxima   Help
Maxima 5.21.1 http://maxima.sourceforge.net
using Lisp GNU Common Lisp (GCL) GCL 2.6.8 (a.k.a. GCL)
Distributed under the GNU Public License. See the file COPYING.
Dedicated to the memory of William Schelter.
The function bug_report() provides bug reporting information.
(%i1) factor(81);
                                                              4
(%o1)                                                        3
(%i2)
```

Na imagem acima, verificamos que 81 é igual a 3^4.

5.2   Fator Comum em Evidência

Para efetuarmos uma fatoração, como por exemplo a do binômio $4x^2 + 8y$, basta digitar *factor(4*x^2+8*y);* para obter a tela abaixo.

```
xmaxima
File   Edit   Options   Maxima   Help
Maxima 5.21.1 http://maxima.sourceforge.net
using Lisp GNU Common Lisp (GCL) GCL 2.6.8 (a.k.a. GCL)
Distributed under the GNU Public License. See the file COPYING.
Dedicated to the memory of William Schelter.
The function bug_report() provides bug reporting information.
(%i1) factor(4*x^2+8*y);
                                                              2
(%o1)                                            4 (2 y + x )
```

5.3 Fatoração por Agrupamento

Para agruparmos a fatoração de um polinômio, ou seja, para realizar duas vezes a fatoração pelo caso do fator comum em evidência, como por exemplo, para efetuar a fatoração do polinômio ac + ad - bc - bd, basta digitar *factor(a*c+a*d-b*c-b*d);* e obter a tela abaixo.

```
xmaxima
File  Edit  Options  Maxima  Help
Maxima 5.21.1 http://maxima.sourceforge.net
using Lisp GNU Common Lisp (GCL) GCL 2.6.8 (a.k.a. GCL)
Distributed under the GNU Public License. See the file COPYING.
Dedicated to the memory of William Schelter.
The function bug_report() provides bug reporting information.
(%i1) factor(a*c+a*d-b*c-b*d);
(%o1)                                                    - (b - a) (d + c)
(%i2)
```

Na janela acima, percebemos que o MAXIMA, neste caso, está programado de forma a apresentar o sinal de negativo antes da resposta (em evidência), o que não torna a resposta errada, embora nos pareça estranho. Pois se multiplicarmos o sinal de negativo pelos valores dados, isso não irá alterar a resposta.

5.4 Fatoração do Trinômio Quadrado Perfeito

Um trinômio é quadrado perfeito quando possui 2 termos (monômios) do trinômio quadrados e 1 termo (monômio) que é o dobro das raízes quadradas dos dois outros termos. Para efetuarmos a fatoração de um trinômio quadrado perfeito, como por exemplo a^2 - 4ad + 4d², basta digitarmos *factor(a^2-4*a*d+4*d^2);* e obteremos a tela a seguir.

```
xmaxima
File  Edit  Options  Maxima  Help
Maxima 5.21.1 http://maxima.sourceforge.net
using Lisp GNU Common Lisp (GCL) GCL 2.6.8 (a.k.a. GCL)
Distributed under the GNU Public License. See the file COPYING.
Dedicated to the memory of William Schelter.
The function bug_report() provides bug reporting information.
(%i1) factor(a^2-4*a*d+4*d^2);
                                                                        2
(%o1)                                                         (2 d - a)
(%i2)
```

Na janela acima, percebemos novamente a programação do MAXIMA, com relação a valores negativos.

5.5 Fatoração da Diferença de 2 Quadrados

Quando existe uma diferença, ou seja, uma operação de subtração entre dois termos que estão elevados ao quadrado, usamos o caso de fatoração da diferença de quadrados, o qual é o mais comum e importante. Para fatorarmos uma diferença de 2 quadrados, como por exemplo $a^2 - 4d^2$, basta digitarmos *factor(a^2-4*d^2);* e obteremos a tela a seguir.

```
xmaxima
File   Edit   Options   Maxima   Help
Maxima 5.21.1 http://maxima.sourceforge.net
using Lisp GNU Common Lisp (GCL) GCL 2.6.8 (a.k.a. GCL)
Distributed under the GNU Public License. See the file COPYING.
Dedicated to the memory of William Schelter.
The function bug_report() provides bug reporting information.
(%i1) factor(a^2-4*d^2);
(%o1)                                          - (2 d - a) (2 d + a)
(%i2)
```

Na janela acima, novamente temos o sinal de negativo antes da resposta, devido a programação atual do MAXIMA.

5.6 Produtos Notáveis

Produtos notáveis são multiplicações em que os fatores são polinômios, para efetuarmos uma operação do tipo $(x + y)^2$, basta digitar *expand(x+y)^2;* para que o MAXIMA reconheça a expressão e em seguida digitamos *expand(%);* para aproveitarmos a expressão descrita na tela e, obtermos a resposta, conforme a janela a seguir.

```
xmaxima
File  Edit  Options  Maxima  Help
Maxima 5.21.1 http://maxima.sourceforge.net
using Lisp GNU Common Lisp (GCL) GCL 2.6.8 (a.k.a. GCL)
Distributed under the GNU Public License. See the file COPYING.
Dedicated to the memory of William Schelter.
The function bug_report() provides bug reporting information.
(%i1) expand(x+y)^2;
                                                              2
(%o1)                                                  (y + x)
(%i2) expand(%);
                                                   2           2
(%o2)                                             y  + 2 x y + x
(%i3)
```

Como mencionado no início deste livro, o % é um comando muito usado, que sozinho, representa o último resultado apresentado.

Podemos expandir expressões com expoentes maiores do que 2, como por exemplo $(x+y)^3$ ou ainda $(x+y)^9$, como apresentado na tela abaixo:

```
xmaxima
File  Edit  Options  Maxima  Help
Maxima 5.21.1 http://maxima.sourceforge.net
using Lisp GNU Common Lisp (GCL) GCL 2.6.8 (a.k.a. GCL)
Distributed under the GNU Public License. See the file COPYING.
Dedicated to the memory of William Schelter.
The function bug_report() provides bug reporting information.
(%i1) expand(x+y)^3;
                                                    3
(%o1)                                        (y + x)
(%i2) expand(%);
                                   3       2     2     3
(%o2)                             y  + 3 x y + 3 x  y + x
(%i3) expand(x+y)^9;
                                                    9
(%o3)                                        (y + x)
(%i4) expand(%);
        9       8       2 7       3 6        4 5        5 4       6 3       7 2       8       9
(%o4)  y  + 9 x y  + 36 x y  + 84 x y  + 126 x y  + 126 x y  + 84 x y  + 36 x y  + 9 x y + x
(%i5)
```

6   Equações Polinomiais

As equações polinomiais, tão comuns na matemática, quando necessitamos encontrar valores desconhecidos, em equações envolvendo uma ou várias variáveis, serão resolvidas neste capítulo por meio do comando solve do MAXIMA.

6.1   Equação Polinomial do 1º grau

Para resolver uma equação polinomial do primeiro grau, como por exemplo, a equação $3x + 6 = 0$, basta digitar o comando ***solve((3*x+6=0),x);*** e obteremos a resposta, conforme a tela a seguir.

```
xmaxima

File   Edit   Options   Maxima   Help

Maxima 5.21.1 http://maxima.sourceforge.net
using Lisp GNU Common Lisp (GCL) GCL 2.6.8 (a.k.a. GCL)
Distributed under the GNU Public License. See the file COPYING.
Dedicated to the memory of William Schelter.
The function bug_report() provides bug reporting information.
(%i1) solve((3*x+6=0),x);
(%o1)                                                    [x = - 2]
(%i2)
```

Na linha de comando que digitamos, o x no final, indica que queremos a resposta em função de x. Isso é útil, quando temos mais de uma variável na mesma equação. Por exemplo, na equação $3x + 6 = 0$, podemos resolvê-la em função de x ou em função de y, dependendo da forma que se digita o comando. Apresentamos na janela abaixo, a solução para as duas formas ***(solve((3*x+6*y=0),x);*** ou ***solve((3*x+6*y=0),y);)*** conforme tela a seguir.

```
xmaxima

File   Edit   Options   Maxima   Help

Maxima 5.21.1 http://maxima.sourceforge.net
using Lisp GNU Common Lisp (GCL) GCL 2.6.8 (a.k.a. GCL)
Distributed under the GNU Public License. See the file COPYING.
Dedicated to the memory of William Schelter.
The function bug_report() provides bug reporting information.
(%i1) solve((3*x+6*y=0),x);
(%o1)                                                    [x = - 2 y]
(%i2) solve((3*x+6*y=0),y);

                                                              x
(%o2)                                                   [y = - -]
                                                              2
(%i3)
```

Como foi mencionado, a função acima é muito útil e pode ser usada de diversas formas, como por exemplo, para resolver uma equação de duas incógnitas e deixar a resposta em função de uma delas, caso só exista uma equação.

6.2 Equação Polinomial do 2º grau

Para resolver uma equação polinomial do segundo grau, como por exemplo $3x^2 - 6x - 9 = 0$, basta digitar o comando *solve((3*x^2–6*x-9=0),x);* e obteremos a resposta, conforme a tela abaixo.

```
xmaxima
 File  Edit  Options  Maxima  Help
Maxima 5.21.1 http://maxima.sourceforge.net
using Lisp GNU Common Lisp (GCL) GCL 2.6.8 (a.k.a. GCL)
Distributed under the GNU Public License. See the file COPYING.
Dedicated to the memory of William Schelter.
The function bug_report() provides bug reporting information.
(%i1) solve((3*x^2-6*x-9=0),x);
(%o1)                                                  [x = 3, x = - 1]
(%i2)
```

6.3 Equações Polinomiais de 3º e 4º grau

Podemos também, resolver equações polinomiais de grau maior que 2, como por exemplo as equações abaixo:

$$x^3 - x^2 - 4x + 4 = 0$$

$$x^4 - 4x^3 - x^2 + 16x - 12 = 0$$

Digitando os comandos:

*solve((x^3-x^2-4*x+4=0),x);*

*solve((x^4-4*x^3-x^2+16*x-12=0),x);*

E, obtendo as respostas, conforme a janela a seguir.

6.4   Equação Polinomial do 5º grau

Por meio do software MAXIMA, é possível resolver equações polinomiais completas ou incompletas de grau menor ou igual a 4. Porém, o MAXIMA ainda não dispõe de um método algébrico que permita resolver equações polinomiais completas de grau maior do que 4.

Contudo, equações polinomiais incompletas de grau maior que 4, podem ser resolvidas, desde que a diferença entre o maior e o menor expoente da equação, seja um número menor ou igual a 4.

O MAXIMA ainda consegue calcular as raízes de outros tipos de polinômios incompletos, como é o caso de $x^5 - 32 = 0$. Mas, como o MAXIMA possui código fonte aberto, podendo ser aperfeiçoado de forma colaborativa, acreditamos que em breve o MAXIMA conseguirá calcular as raízes de equações polinomiais completas acima do quarto grau.

Como até o momento não é possível resolver por meio do MAXIMA, equações completas do quinto grau, como por exemplo $x^5 - 3x^4 + 2x^3 - 2x^2 - x + 4 = 0$, ao digitarmos no MAXIMA *solve((x^5 - 3*x^4 + 2*x^3 -2*x^2 - x + 4 = 0),x);*, veremos que o software retornará a mesma equação sem a resolução, da seguinte forma $[0 = x^5 - 3\,x^4 + 2\,x^3 - 2\,x^2 - x + 4]$, conforme a janela a seguir.

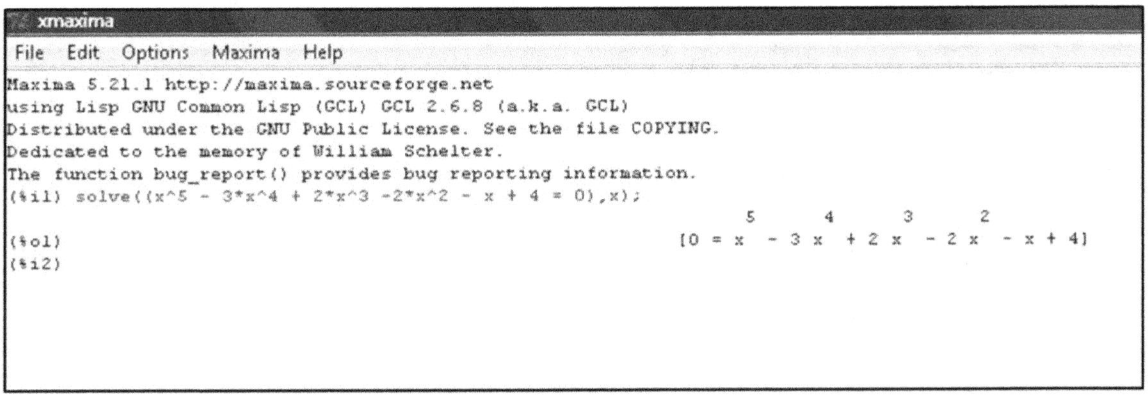

$$[0 = x^5 - 3x^4 + 2x^3 - 2x^2 - x + 4]$$

7   Funções Matemáticas

Com auxílio do MAXIMA, estudaremos neste capítulo funções matemáticas definidas por meio de uma lei de formação, onde para cada valor de x, teremos um único valor de y.

7.1   Funções Polinomiais

Para definirmos uma função no MAXIMA, digitamos de forma semelhante ao modo normal de escrita, mudando somente o símbolo de atribuição que no caso será ':=', como veremos no exemplo a seguir, no qual, dado a função f(x) = x + 2, calcule f(5).

Para efetuarmos a operação acima, digitamos primeiramente *f(x):=x+2;* apertamos *enter*, o MAXIMA retornará com a linha f(x) := x + 2, significando que o software entendeu a função. Em seguida, digitamos *f(5);* e apertamos novamente *enter*. O MAXIMA nos informará a resposta 7.

Resumidamente, na tela do MAXIMA, o que foi descrito acima, ficaria:

(%i1) f(x):=x+2;

(%o1) f(x) := x + 2

(%i2) f(5);

(%o2) 7

Como podemos observar na janela abaixo.

```
xmaxima

File   Edit   Options   Maxima   Help

Maxima 5.21.1 http://maxima.sourceforge.net
using Lisp GNU Common Lisp (GCL) GCL 2.6.8 (a.k.a. GCL)
Distributed under the GNU Public License. See the file COPYING.
Dedicated to the memory of William Schelter.
The function bug_report() provides bug reporting information.
(%i1) f(x):=x+2;
(%o1)                                            f(x) := x + 2
(%i2) f(5);
(%o2)                                            7
(%i3)
```

De forma análoga, podemos definir funções de n variáveis, respeitando a mesma sintaxe anterior, mas colocando as variáveis entre vírgulas, do seguinte modo:

(%i1) g(x,y,z) := x * y + 2 * z;

(%o1) g(x, y, z) := x y + 2 z

(%i2) g(1,2,3);

(%o2) 8

Uma função composta, é entendida como uma função de função, ou seja, combina duas ou mais variáveis. Por meio do MAXIMA, podemos determinar algumas funções e, em seguida, solicitar operações com elas, conforme janela abaixo.

```
xmaxima
File  Edit  Options  Maxima  Help
Maxima 5.21.1 http://maxima.sourceforge.net
using Lisp GNU Common Lisp (GCL) GCL 2.6.8 (a.k.a. GCL)
Distributed under the GNU Public License. See the file COPYING.
Dedicated to the memory of William Schelter.
The function bug_report() provides bug reporting information.
(%i1) f(x):= 2*x+1;
(%o1)                                            f(x) := 2 x + 1
(%i2) g(x):=x-2;
(%o2)                                            g(x) := x - 2
(%i3) f(x)+g(x);
(%o3)                                               3 x - 1
(%i4) g(x)/f(x);
                                                     x - 2
(%o4)                                               -------
                                                     2 x + 1
(%i5) g(f(x));
(%o5)                                               2 x - 1
(%i6)
```

Na janela acima, fornecemos ao MAXIMA as funções f(x) = 2x + 1 e g(x) = x – 2, em seguida, informamos os comandos ao MAXIMA para somar essas duas funções, para dividi-las e para obter a função composta $g_o f$.

7.2 Gráficos de Funções Polinomiais

Os gráficos gerados pelo MAXIMA aparecem em um programa anexo a ele, chamado gnuplot graph.

A função mais conhecida para traçar gráficos em duas dimensões é a 'plot2d', que deve ser implementada da seguinte forma: ***plot2d(função, [eixo,início,final]);***

Para construirmos, por exemplo, o gráfico da função afim f(x) = 3x - 4, digitamos primeiramente o comando: ***f(x):= 3*x-4;*** para definir a função, conforme janela a seguir.

```
xmaxima
File  Edit  Options  Maxima  Help
Maxima 5.21.1 http://maxima.sourceforge.net
using Lisp GNU Common Lisp (GCL) GCL 2.6.8 (a.k.a. GCL)
Distributed under the GNU Public License. See the file COPYING.
Dedicated to the memory of William Schelter.
The function bug_report() provides bug reporting information.
(%i1) f(x):= 3*x-4;
(%o1)                                              f(x) := 3 x - 4
(%i2) |
```

Na sequência, digitamos ***plot2d([f(x)],[x,-2,5],[y,-5,8]);***, para construir o gráfico da função. Nessa linha de comando, as informações [x,-2,5] e [y,-5,8] indicam que o gráfico da função será definido no intervalo x de -2 até 5 e y de -5 até 8. Conforme a janela abaixo.

```
xmaxima
File  Edit  Options  Maxima  Help
Maxima 5.21.1 http://maxima.sourceforge.net
using Lisp GNU Common Lisp (GCL) GCL 2.6.8 (a.k.a. GCL)
Distributed under the GNU Public License. See the file COPYING.
Dedicated to the memory of William Schelter.
The function bug_report() provides bug reporting information.
(%i1) f(x):= 3*x-4;
(%o1)                          f(x) := 3 x - 4
(%i2) plot2d([f(x)],[x,-2,5],[y,-5,8]);
```

Após informar o comando acima, quando apertamos ***enter***, instantaneamente, se abre uma segunda janela na tela (programa gnuplot graph), sobreposta a área de trabalho do MAXIMA, contendo o gráfico da função, conforme janela a seguir.

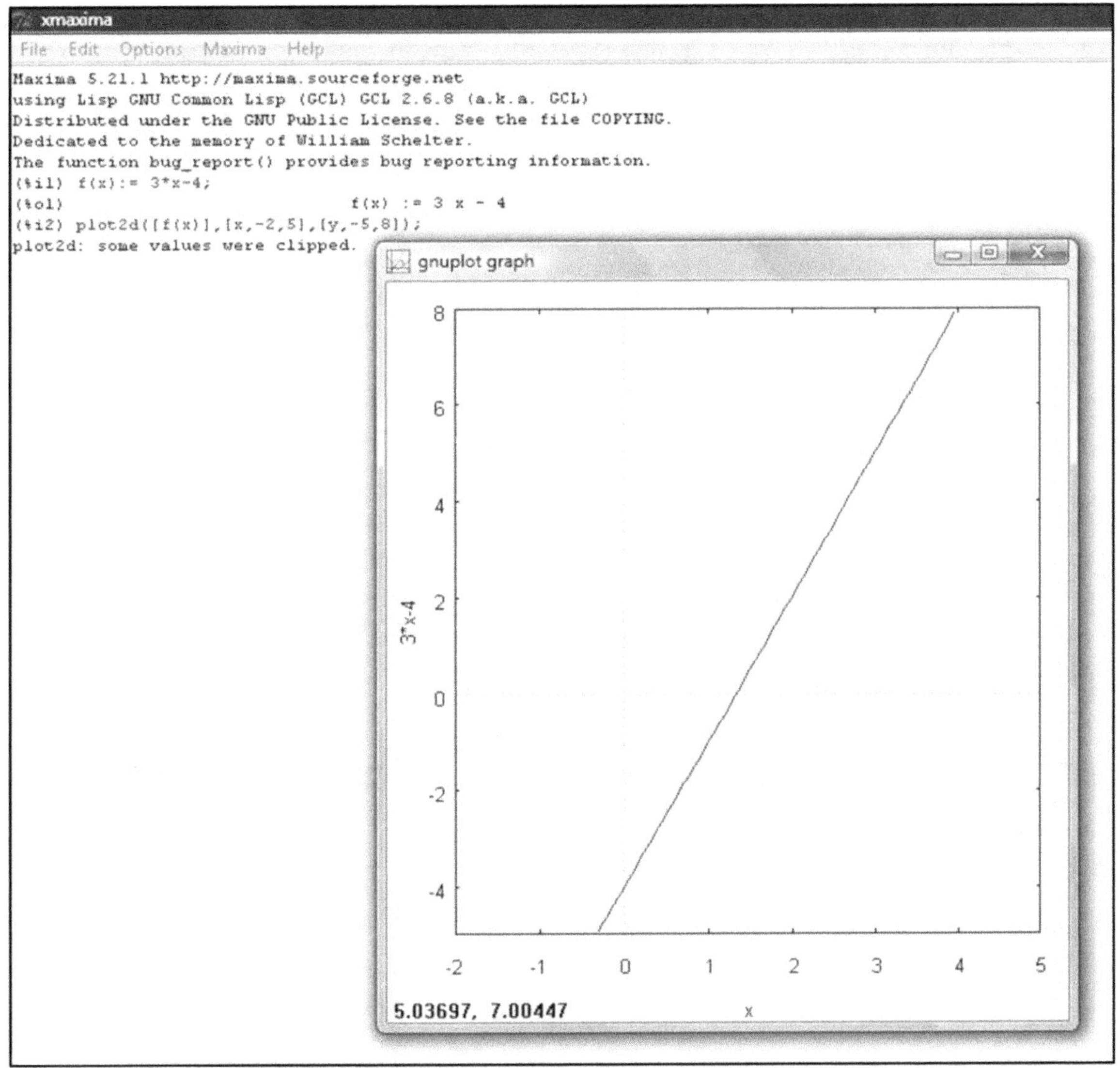

Para realizarmos modificações no gráfico, basta pressionar 'Espaço', e será possível acessar a janela principal do gnuplot, com todas as opções disponíveis.

De maneira análoga ao gráfico da função afim, podemos construir um gráfico de uma função quadrática, como por exemplo, o gráfico da função $f(x) = x^2 - 2x - 3$, o qual pode ser obtido, por meio do comando: *f(x):= x^2-2*x-3;*, para definir a função.

E, em seguida por meio do comando ***plot2d([f(x)],[x,-3,5],[y,-5,8]);***, para gerar o gráfico da função. Os valores [x,-3,5] e [y,-5,8] indicam que o gráfico da função será definido no intervalo x de -3 até 5 e y de -5 até 8. Conforme a janela abaixo.

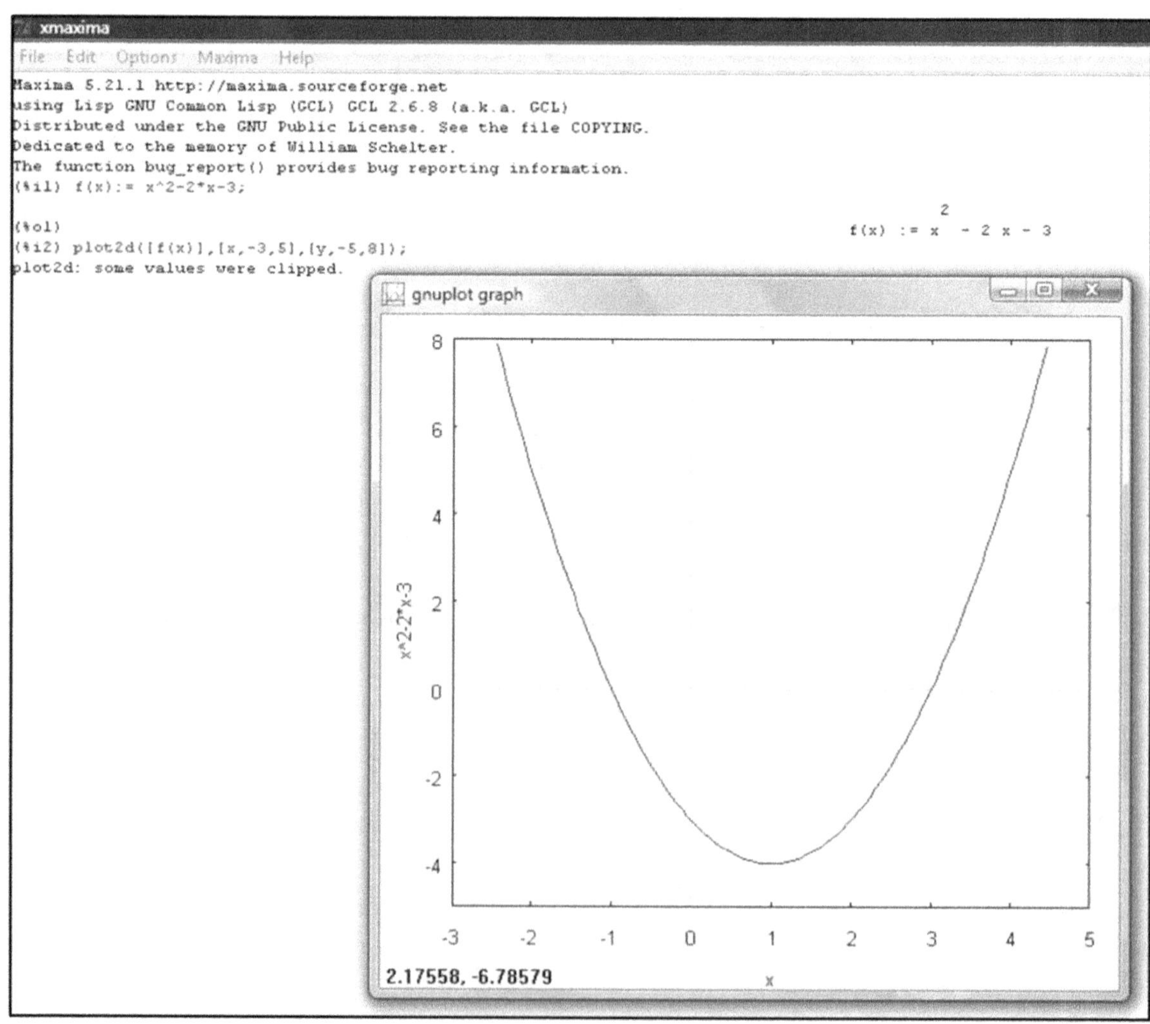

Novamente, ao digitarmos ***enter***, temos instantaneamente, uma segunda janela na tela (programa gnuplot graph), sobreposta a área de trabalho do MAXIMA, contendo o gráfico da função, conforme a tela a seguir.

Por meio do MAXIMA, é possível construir gráficos de outras funções, inclusive cúbicas.

Como vimos acima, os gráficos gerados pelo MAXIMA aparecem em um programa anexo a ele, o gnuplot graph. Mas, se desejarmos que o gráfico seja construído direto na janela do software, sem usar o programa gnuplot graph, basta digitarmos no início da linha de comando *wx*.

Exemplificando, o gráfico da função quadrática $f(x) = -x^2 - 2x - 3$, pode ser construído, por meio dos comandos *f(x):=-x^2-2*x-3;*, para definir a função. E depois por meio do comando *wxplot2d([f(x)],[x,-4,1],[y,-5,1]);*, para gerar o gráfico, conforme janela abaixo.

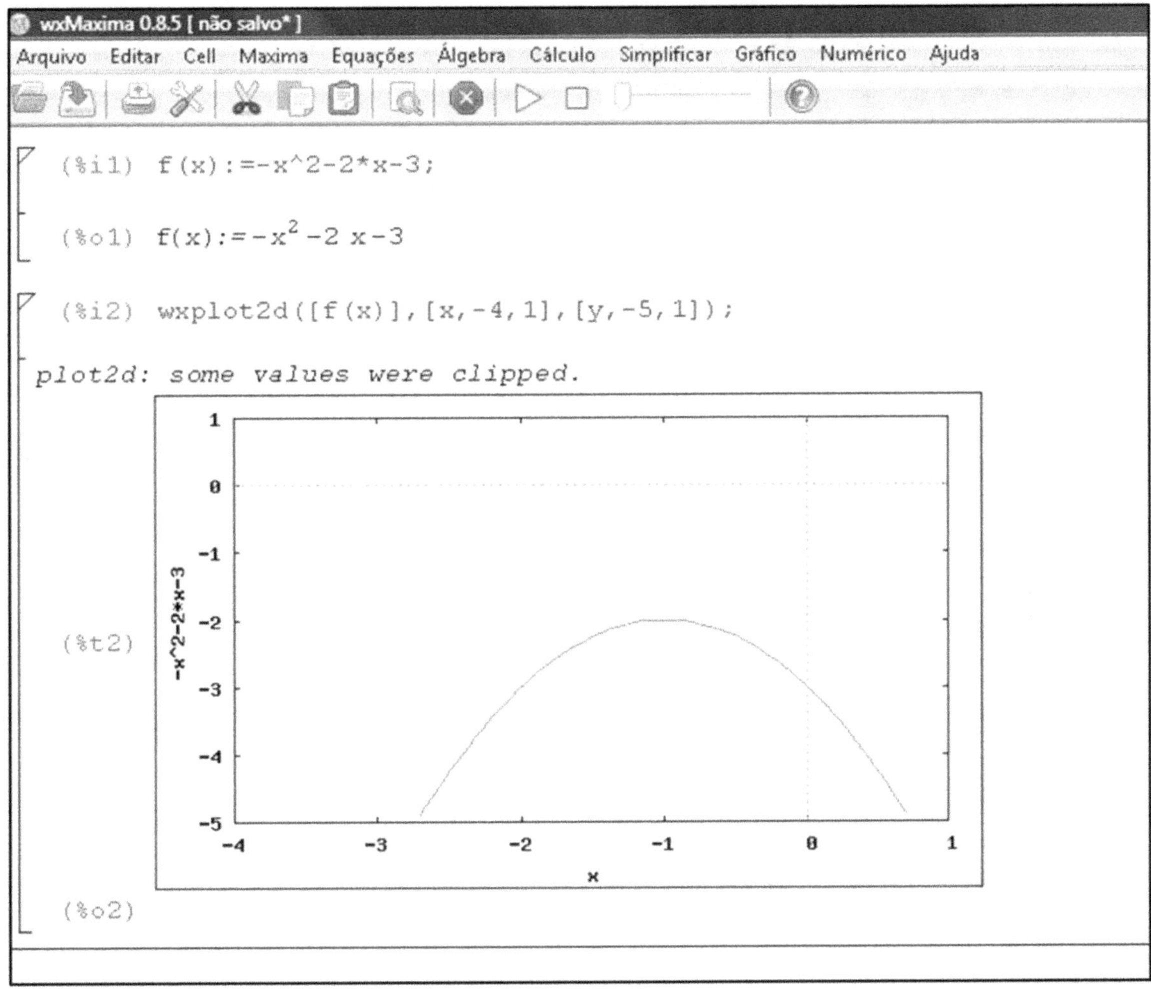

7.3 Funções Exponenciais e Logarítmicas

Embora as funções logarítmicas e exponenciais sejam inversas, as resoluções por meio do MAXIMA são semelhantes e análogas as resoluções envolvendo as funções polinomiais de primeiro e segundo grau.

7.4   Equações Exponenciais

Para resolver uma equação exponencial, como por exemplo, a equação $3^x = 9$, basta digitar o comando ***solve((3^x=9),x);*** em seguida digitar ***%,numer;*** e obteremos a resposta, conforme a tela abaixo.

```
(%i8)   solve((3.0)^x=9.0,x);
rat: replaced -9.0 by -9/1 = -9.0
rat: replaced 3.0 by 3/1 = 3.0
(%o8)   [x = log(9)/log(3)]

(%i9)   %,numer;
(%o8)   [x=2.0]
```

7.5 Gráfico da Função Exponencial

Outro importante recurso é a visualização de um gráfico de uma função exponencial. Fazemos isso de acordo com os comandos expressos na tela abaixo.

```
(%i14)  g(x):=exp(x-3);
(%o14)  g(x):=exp(x-3)

(%i15)  plot2d(g(x),[x,0,5]);
```

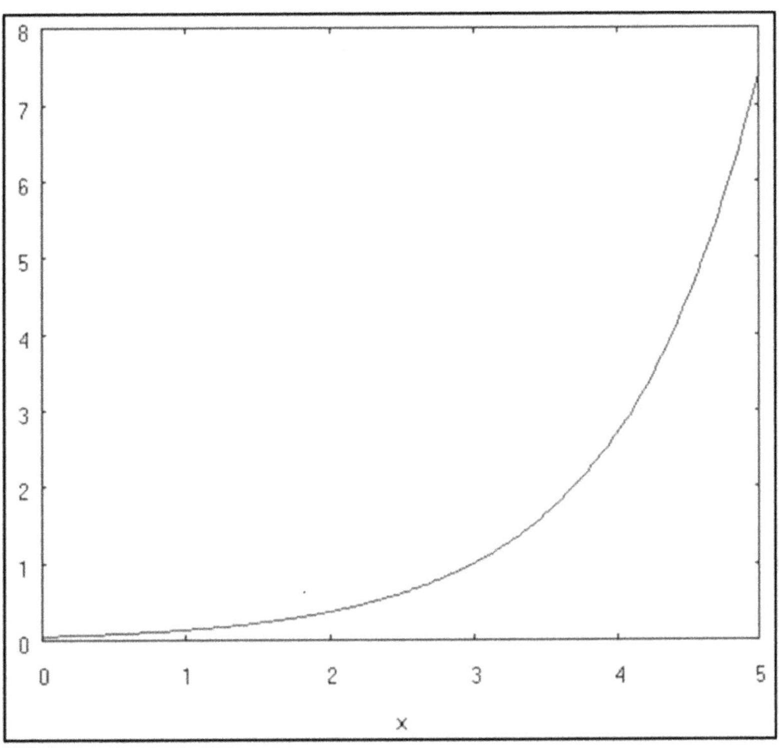

7.6 Equações Logarítmicas

Para resolver expressões logarítmicas, utilizamos o comando *log*, seguido de seus complementos, como na figura abaixo.

```
(%i49)  (log(x+x^2)-log(x))^n/(log(1+x))^(n/2);
```

$$(\%o49) \quad \frac{\left(\log(x^2+x)-\log(x)\right)^n}{\log(x+1)^{n/2}}$$

```
(%i50)  radcan(%);
```

$$(\%o50) \quad \log(x+1)^{n/2}$$

A expressão radcan indica que haverá uma simplificação levando a um único radical.

7.7 Propriedades Operatórias dos Logaritmos

No MAXIMA é possível expandir um logaritmo através de suas propriedades, ou seja, a multiplicação interna se torna uma soma externa e uma divisão interna passa a ser uma subtração externa e uma potência interna vira um produto externo. Para isso utilizaremos a expressão que será expandida, seguida do comando ***logexpand=super***, como na figura a seguir.

```
(%i93)  log(x*y), logexpand=super;
(%o93)  log( y )+ log( x )

(%i94)  log(y^k), logexpand=super;
(%o94)  k log( y )

(%i95)  log(y/x^k), logexpand=super;
(%o95)  log( y )- k log( x )
```

O contrário da expansão é a contração, o MAXIMA faz esta contração através do comando ***logcontract*** seguido dos logs desejados, como na figura que segue.

```
(%i96)  logcontract(log(y)+log(x));
(%o96)  log( x y )

(%i98)  logcontract(2*log(y));
(%o98)  log( y^2 )

(%i99)  logcontract(log(y)-3*log(x));
(%o99)  log( y / x^3 )
```

7.8   Gráfico da Função Logarítmica

Outro importante recurso é a visualização de um gráfico de uma função logarítmica. Tais gráficos são construídos por meio dos comandos expressos abaixo.

```
(%i10)  f(x):=log(x);
(%o10)  f(x):=log(x)

(%i11)  plot2d(f(x),[x,0,5]);
plot2d: expression evaluates to non-numeric value somewhere in plotting range.
(%o11)
```

Os quais geram o seguinte gráfico.

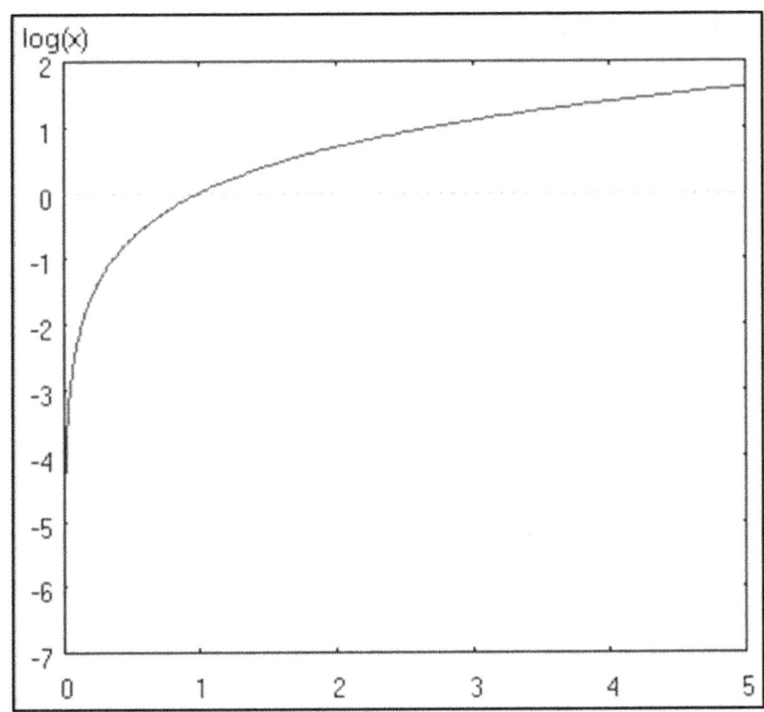

log(x)
2
1
0
-1
-2
-3
-4
-5
-6
-7
0
1
2
3
4
5

8   Sequências e Progressões

Neste capítulo estudaremos por meio do MAXIMA, três casos de progressões, a Progressão Aritmética (PA), a Progressão Geométrica (PG) e a Progressão Harmônica (PH), e por fim vamos trabalhar com Somatórios.

8.1   Progressão Aritmética (PA)

A Progressão Aritmética onde a diferença entre dois termos consecutivos é sempre a mesma e chamada de razão, será abordada neste capítulo, de forma um pouco diferente, por se tratar de fórmula, onde teremos que acionar as funções do MAXIMA, digitando load (functs), antes da operação desejada, conforme imagem a seguir.

```
(%i11)  load(functs);
define: warning: redefining the built-in function lcm
(%o11)  C:/PROGRA~1/MAXIMA~1.2/share/maxima/5.23.2/share/simplification/functs.mac
```

Para determinarmos a expressão do termo geral de uma P.A., vamos adotar a letra "a" como primeiro termo da P.A (a_1), "d" como razão e "n" para o número de termos da progressão. Deste modo o termo geral ficará conforme abaixo.

```
(%i16)  arithmetic(a,d,n);
(%o16)  d(n-1)+a
```

Após definirmos a fórmula do termo geral, de acordo com a tela acima, é possível por exemplo calcular o sexto termo de uma PA, onde o primeiro termo é 2 e a razão é 3, para efetuar esta operação, basta digitarmos os comandos, conforme a janela a seguir.

```
(%i18)  arithmetic(2,3,6);
(%o18)  17
```

8.2   Soma dos termos de uma PA

Após atribuir ao MAXIMA uma fórmula para a soma dos termos de uma PA, é possível, por exemplo, calcular a soma dos 4 primeiros termos de uma P.A. iniciada pelo número 3 e com razão 5, utilizando o comando da figura a seguir.

```
arithsum(3,5,4);
42
```

8.3   Progressão Geométrica (PG)

Uma progressão geométrica é uma sequência na qual cada termo, a partir do segundo, é igual ao produto do termo anterior por uma constante, chamada de razão.

Neste tópico, vamos proceder de forma análoga a PA, assim para obtermos a fórmula geral de uma PG com primeiro termo "a", razão "r" e "n" termos, digitamos:

```
(%i19)  geometric(a,r,n);
(%o19)  a r^(n-1)
```

Após definirmos a fórmula do termo geral acima, podemos por exemplo calcular o quarto termo de uma PG, onde o primeiro termo é 3 e a razão é 5, para isto, basta digitarmos os comandos, conforme a janela a seguir.

```
(%i21)  geometric(3,5,4);
(%o21)  375
```

8.4   Soma dos termos de uma PG

Após atribuir ao MAXIMA uma fórmula para a soma dos termos de uma PG, é possível, por exemplo, calcular a soma dos 4 primeiros termos de uma P.G. iniciada pelo número 2 e com razão 3, conforme a figura a seguir.

```
(%i27)  geosum(2,3,4);
(%o27)  80
```

8.5   Progressão Harmônica (PH)

Uma progressão harmônica é uma sequência finita ou infinita, cujos termos são todos diferentes de zero e tais que seus inversos formam uma progressão aritmética de primeira ordem.

Para efetuar cálculos envolvendo a progressão harmônica, podemos seguir os mesmos passos da P.A. e da P.G., mas, como a P.H. exige 4 variáveis, definimos a fórmula geral, conforme tela abaixo.

```
(%i24)  harmonic(a,b,c,n);

                  a
(%o24)  ─────────────
          c(n-1)+b
```

Usando a fórmula acima do termo geral, podemos por exemplo, calcular o quinto termo de uma PH, com primeiro termo 25, e razões 2 e 3, conforme janela a seguir.

```
(%i26)  harmonic(25,2,3,5);
                25
(%o26)  ──
                14
```

8.6   Somatório

A ideia de soma nos leva ao conceito de somatório, cujo símbolo é a letra grega maiúscula sigma ($\sum$), consiste num sinal que exprime uma adição de forma condensada. Por exemplo, se quisermos somar os termos 1/k2, com k indo de 1 a infinito, fazemos uso da seguinte expressão:

```
sum(1/k^2, k, 1, inf);
```

$$\sum_{k=1}^{\infty} \frac{1}{k^2}$$

9   Análise Combinatória

Neste capítulo, usaremos o MAXIMA no estudo de operações com números fatoriais, permutações e combinações.

9.1   Fatorial (!)

O fatorial de um número natural n, representado por n!, que é o produto de todos os inteiros positivos menores ou iguais a n, pode ser resolvido pelo MAXIMA, como por exemplo a operação 10!, será resolvida, digitando *10!;* e apertando *enter*, o resultado aparecerá conforme a janela abaixo.

```
(%i4)  10!;
(%o4)  3628800
```

Caso o resultado não apareça na tela, devemos clicar com o botão esquerdo do mouse no colchete preto à esquerda, em seguida clicar com o botão direito e escolher o comando avaliar célula.

Podemos obter o resultado de diversos fatoriais ao mesmo tempo, para isso, basta digitá-los entre colchetes e separados por vírgula, conforme a janela abaixo.

```
(%i1)  [2!,3!,4!,5!,6!,7!,8!,9!,10!];
(%o1)  [ 2 , 6 , 24 , 120 , 720 , 5040 , 40320 , 362880 , 3628800 ]
```

9.2   Operações com Fatoriais

Com auxílio do software MAXIMA, podemos calcular diversas operações, como as da atividade 1 a seguir.

1. Calcule: a) 4! + 3!   b) 7!   c) 2! · 4!   d) (2 · 4)!   e) $\dfrac{6!}{3!}$ f) $(3!)^2$

Descritas na janela abaixo.

```
(%i1)  4!+3!;

(%o1)  30

(%i2)  7!;

(%o2)  5040

(%i3)  2!*4!;

(%o3)  48

(%i4)  (2*4)!;

(%o4)  40320

(%i5)  6!/3!;

(%o5)  120

(%i6)  3!^2;
(%o6)  36
```

9.3 Simplificação de Expressões contendo Fatoriais

Por meio do software MAXIMA, podemos simplificar diversas expressões, tais como as da atividade 2 abaixo.

2. Simplifique: a) $\dfrac{10!}{2! \cdot 8!}$ b) $\dfrac{8!+7!}{7!}$ c) $\dfrac{10!+11!+12!}{12!}$

Para isso, digitamos os comandos, conforme a janela a seguir.

```
(%i1)   10!/(2!*8!);

(%o1)   45
```

```
(%i2)   (8!+7!)/7!;
(%o2)   9
```

```
(%i3)   (10!+11!+12!)/12!;

(%o3)   12
        --
        11
```

9.4   Permutação

Diversas vezes, nos deparamos com exercícios de Análise combinatória, onde não basta calcularmos apenas a quantidade, mas também devemos determinar quais são as permutações. Em outras vezes, mesmo que o exercício não solicite essa informação, após termos a listagem das permutações, isso nos facilita muito na resolução. Por meio do software MAXIMA, podemos determiná-las facilmente, como será mostrado a seguir.

Por exemplo, para determinarmos quais anagramas podem ser formados com o uso das três letras da palavra ECA, digitamos o comando a seguir.

```
(%i17)  permutations([A,C,E]);
(%o17)  { [ A , C , E ] , [ A , E , C ] , [ C , A , E ] , [ C , E , A ] , [ E , A , C ] , [ E , C , A ] }
```

Nos exercícios de permutação, a ordem de digitação das letras (ECA ou ACE), em nada interfere na resolução.

9.5   Permutação com Repetição

Com o software MAXIMA, também é possível resolver exercícios que envolvem permutação com repetição. Por exemplo, para determinarmos quais permutações podemos formar com as letras A, A e B, basta digitarmos o comando a seguir.

```
(%i1)  permutations([A,A,B]);
(%o1)  {[A,A,B],[A,B,A],[B,A,A]}
```

No cálculo de permutações, também é possível obter o resultado de diversas operações ao mesmo tempo, para isso, basta digitá-las entre colchetes e separadas por vírgula, conforme a janela abaixo.

```
(%i14)  [permutation(5,1), permutation(5,2), permutation(5,3), permutation(5,4)];
(%o14)  [ 5 , 20 , 60 , 120 ]
```

9.6 Combinação

Neste cálculo, por se tratar de uma fórmula, temos que acionar as funções do MAXIMA, digitando load (functs), antes da operação desejada. Por exemplo, para calcularmos uma combinação simples de 4 elementos tomados 2 a 2, basta digitarmos os comandos, conforme a janela abaixo.

```
(%i2)  load(functs);
define: warning: redefining the built-in function lcm
(%o2)  C:/PROGRA~1/MAXIMA~2.1/share/maxima/5.22.1/share/simplification/functs.mac

(%i3)  combination(4,2);
(%o3)  6
```

10   Estatística

Para o estudo das medidas estatísticas, usaremos neste capítulo, os valores de uma amostra como um vetor. É muito simples definir vetores no MAXIMA, sendo semelhante com o modo normal de se escrever.

Por exemplo, para atribuirmos os valores dos vetores u = (1,2,3) e v = (4,5,6) ao MAXIMA, digitamos conforme tela a seguir.

```
u:[1,2,3];
(%o1)                                              [1, 2, 3]
(%i2) v:[4,5,6];
(%o2)                                              [4, 5, 6]
(%i3)
```

Para o estudo das medidas estatísticas, usaremos o vetor s_1. Ou seja, usaremos uma amostra de valores armazenada no vetor s_1, que compreenderá os seguintes valores: 10, 11, 20, 20, 40, 25 e 17, conforme será demonstrado ao longo deste capítulo.

10.1 Média Aritmética

Para calcular a média aritmética dos valores 10, 11, 20, 20, 40, 25 e 17, basta digitarmos os comandos, conforme as janelas abaixo, primeiramente definindo os valores da amostra como um vetor, no caso o vetor s_1.

```
(%i2) s1:[10, 11, 20, 20, 40, 25 , 17];
(%o2) [10,11,20,20,40,25,17]
```

Em seguida usamos os comandos da média exibindo posteriormente o valor decimal da fração encontrada.

```
(%i15) mean(s1);
              143
(%o15)        ———
               7

(%i17) %,numer;
(%o17) 20.42857142857143
```

10.2 Média Harmônica

Para calcular a média Harmônica dos valores 10, 11, 20, 20, 40, 25 e 17 (vetor s_1), basta digitarmos os comandos, conforme as janelas abaixo.

```
(%i29)   harmonic_mean(s1);
         182280
(%o29)   ------
          49787

(%i30)   %,numer;
(%o30)   3.661196697933196
```

10.3 Média Geométrica

Para calcular a média Geométrica dos valores 10, 11, 20, 20, 40, 25 e 17 (vetor s_1), basta digitarmos os comandos, conforme as janelas a seguir.

```
(%i31)  geometric_mean(s1);
(%o31)  2 19530^(1/7)

(%i32)  %,numer;
(%o32)  8.203278555929405
```

10.4 Mediana

Para calcular a mediana da amostra s_1 com os valores 10, 11, 20, 20, 40, 25 e 17, basta digitarmos os comandos, conforme as janelas abaixo, uma vez que o vetor s_1 já está definido.

```
(%i26)  median(s1);
(%o26)  8
```

10.5 Variância

Para calcular a variância da mesma amostra com os valores 10, 11, 20, 20, 40, 25 e 17, basta digitarmos os comandos, conforme as janelas a seguir.

```
(%i18)  var(s1);
                44728
(%o18)          -----
                 49

(%i19)  %,numer;
(%o19)  912.8163265306123
```

10.6 Desvio Padrão

Para calcular o desvio padrão da mesma amostra com os valores 10, 11, 20, 20, 40, 25 e 17, basta digitarmos os comandos, conforme as janelas abaixo, lembrando que o vetor s_1 já está definido.

```
(%i20)  std(s1);
                2 √11182
(%o20)          --------
                   7

(%i21)  %,numer;
(%o21)  30.21285035428819
```

10.7 Desvio Médio

Para calcular o desvio médio da mesma amostra com os valores 10, 11, 20, 20, 40, 25 e 17, basta digitarmos os comandos, conforme as janelas abaixo, lembrando que o vetor s_1 já está definido.

```
(%i27)  mean_deviation(s1);

        1016
(%o27)  ────
         49


(%i28)  %,numer;
(%o28)  20.73469387755102
```

10.8 Valores Extremos e Amplitude

Para calcular os valores extremos (mínimo e máximo) e a amplitude da amostra que chamaremos de s_2: 1, 11, 20, 20, 93, 25 e 17, basta digitarmos os comandos, conforme as janelas abaixo.

Inicialmente definimos os valores da amostra como um vetor, no caso o s_2.

```
(%i7)  s2:[1, 11, 20, 20, 93, 25 , 17];
(%o7)  [1,11,20,20,93,25,17]
```

Agora calculamos o valor de mínimo.

```
(%i8)  mini(s2);
(%o8)  1
```

E, calculamos o valor de máximo.

```
(%i9)  maxi(s2);
(%o9)  93
```

Por fim, calculamos o valor da amplitude.

```
(%i10)  range(s2);
(%o10)  92
```

Como a amplitude é a diferença entre os valores máximo e mínimo, podemos calculá-la de uma outra forma, como na figura a seguir.

```
(%i4)  a:mini(s1);b:maxi(s1);
(%o4)  10
(%o5)  40
```

```
(%i6)  b-a;
(%o6)  30
```

11　Trigonometria

Neste capítulo veremos aplicações do MAXIMA para conteúdos trigonométricos, por meio do estuda e análise das relações entre os lados dos triângulos e os seus ângulos.

11.1　Seno

Para calcular o seno de um determinado ângulo basta usar o comando *sin* e apresentar o ângulo com a medida em radianos, como por exemplo o seno de 60° na tela a seguir.

```
(%i28)  sin(%pi/3);

            √3
(%o28)     ───
            2
```

11.2　Arco Seno

Por meio do MAXIMA, é possível obter ângulos a partir do valor do seno, para que o MAXIMA nos indique que um dos ângulos cujo seno é 0,5 vale pi/6, digitamos os comandos, conforme a tela abaixo.

```
(%i31)  asin(0.5);
(%o31)  0.5235987755983
```

Acima temos a resposta pi/6 ou seja, 3,14 dividido por 6.

11.3　Cosseno

Para calcular o cosseno de um determinado valor basta usar o comando *cos* conforme janela abaixo.

```
(%i36)  cos(%pi/4);

(%o36)   1
        ----
        √2
```

11.4 Arco Cosseno

Para o MAXIMA nos indicar que um dos ângulos cujo cosseno é 0,5 vale pi/3, digitamos, conforme tela a seguir.

```
(%i37)  acos(0.5);
(%o37)  1.047197551196598
```

Acima temos a resposta pi/3 ou seja, 3,14 dividido por 3.

11.5 Tangente

Para calcular a Tangente de um determinado valor basta usar o comando ***tan*** conforme janela abaixo.

```
(%i41)  tan(%pi/4);
(%o41)  1
```

11.6 Arco Tangente

Para o MAXIMA nos indicar que um dos ângulos cuja tangente é 1 vale pi/4, digitamos, conforme janela abaixo.

```
(%i42)  atan(1);

(%o42)   π
        ---
         4
```

11.7 Funções Trigonométricas Auxiliares

As funções trigonométricas auxiliares, secante, cossecante e cotangente, são calculadas de forma similar, como nos exemplos abaixo.

```
(%i44)  csc(%pi/3);

(%o44)   2
        ----
        √3
```

```
(%i45)  sec(%pi/3);
(%o45)  2
```

```
(%i46)  cot(%pi/3);

(%o46)   1
        ----
        √3
```

12 Matrizes

Amplamente utilizadas em áreas como matemática, ciência da computação e engenharia, as matrizes serão construídas e calculadas neste capítulo com uso do software MAXIMA.

12.1 Construção de Matrizes

No MAXIMA o processo de montagem de uma matriz é muito simples, basta acessar o menu *Algebra* e em seguida clicar em introduzir matriz. Então podemos inserir valores como na figura abaixo.

Após preencher a matriz e clicar em OK, o MAXIMA nos apresentará a tela a seguir.

```
matrix(
 [5,-2,4],
 [1,2,2],
 [-1,0,5]
);
```

$$\begin{bmatrix} 5 & -2 & 4 \\ 1 & 2 & 2 \\ -1 & 0 & 5 \end{bmatrix}$$

Também podemos gerar uma matriz por meio de uma função que relacione as linhas e as colunas. Para isso, primeiro definimos a relação entre os valores e depois usamos o comando *genmatrix*. Este procedimento está descrito no exemplo abaixo.

```
f[i,j]:=1/(i+j);
```

$$f_{i,j} := \frac{1}{i+j}$$

Após digitar a função, o MAXIMA nos apresentará a tela a seguir.

```
genmatrix(f, 3, 3);
```

$$\begin{bmatrix} \dfrac{1}{2} & \dfrac{1}{3} & \dfrac{1}{4} \\[2ex] \dfrac{1}{3} & \dfrac{1}{4} & \dfrac{1}{5} \\[2ex] \dfrac{1}{4} & \dfrac{1}{5} & \dfrac{1}{6} \end{bmatrix}$$

12.2 Cálculos Básicos com Matrizes

Com auxílio do MAXIMA, é possível, por exemplo, calcular a soma dos elementos da diagonal principal de uma matriz, onde, depois de definir uma matriz como no item anterior ou diretamente com o comando ***matrix***, como no exemplo abaixo, digitamos o comando para o referido cálculo.

```
A : matrix([3,5,-1],[2,5,-2],[0,1,4]);
```

$$\begin{bmatrix} 3 & 5 & -1 \\ 2 & 5 & -2 \\ 0 & 1 & 4 \end{bmatrix}$$

```
tracematrix(A);
12
```

12.3 Matriz Inversa

Para inverter uma matriz, primeiro a definimos, como fizemos inicialmente, depois usamos o comando ***invert***, que pode ser seguido do nome da matriz ou do símbolo de porcentagem, caso a matriz tenha acabado de ser definida, como segue no exemplo abaixo.

```
matrix([1,2,-3],[3,2,1],[5,5,3]);
```

$$\begin{bmatrix} 1 & 2 & -3 \\ 3 & 2 & 1 \\ 5 & 5 & 3 \end{bmatrix}$$

```
invert(%);
```

$$\begin{bmatrix} -\dfrac{1}{22} & \dfrac{21}{22} & -\dfrac{4}{11} \\ \dfrac{2}{11} & -\dfrac{9}{11} & \dfrac{5}{11} \\ -\dfrac{5}{22} & -\dfrac{5}{22} & \dfrac{2}{11} \end{bmatrix}$$

12.3 Determinante de uma Matriz

Para calcular o determinante, primeiro definimos a matriz de uma das formas indicadas anteriormente e depois, com uso do comando *determinant*, realizamos o cálculo, como indicado na figura abaixo.

```
A : matrix([3,-1,2],[-1,4,2],[2,2,1]);
```

$$\begin{bmatrix} 3 & -1 & 2 \\ -1 & 4 & 2 \\ 2 & 2 & 1 \end{bmatrix}$$

```
determinant(%);
```

- 25

12.4 Matriz Transposta

Para transformar linha em coluna e coluna em linha no MAXIMA, primeiro definimos uma Matriz A, e em seguida fazendo uso do comando *transpose*, como digitado no exemplo abaixo.

A : matrix([3,-1,2],[-1,4,2],[2,2,1]);

transpose(A);

O MAXIMA nos apresentará a janela a seguir.

```
(%i1)  A : matrix([3,-1,2],[-1,4,2],[2,2,1]);

                      [  3   - 1   2 ]
                      [             ]
(%o1)                 [ - 1   4    2 ]
                      [             ]
                      [  2    2    1 ]
(%i2)  transpose(A);

                      [  3   - 1   2 ]
                      [             ]
(%o2)                 [ - 1   4    2 ]
                      [             ]
                      [  2    2    1 ]
(%i3)
```

12.5 Matriz Identidade

Para gerarmos uma matriz identidade de qualquer ordem, basta utilizar o comando *ident* seguido da ordem da matriz. Para armazená-la em uma variável basta nomeá-la utilizando os dois pontos, como na figura abaixo.

```
I3 : ident(3);

      ⎡ 1   0   0 ⎤
      ⎢ 0   1   0 ⎥
      ⎣ 0   0   1 ⎦
```

12.6 Operações com Matrizes

Com auxílio do MAXIMA é possível efetuar operações com matrizes. Para isso, inicialmente definimos as matrizes, armazenando-as em variáveis, como por exemplo A e B, conforme comando abaixo.

A : matrix([3,-1],[-1,4]);   e   B : matrix([-1,2],[4,2]);

Para somar as Matrizes A e B acima, com auxílio do MAXIMA, basta usar o comando *A+B*. Caso a operação desejada seja de subtração, usamos o comando *A-B*, como segue nos exemplos abaixo.

```
(%i1) A : matrix([3,-1],[-1,4]);

                                    [  3   - 1 ]
(%o1)                               [          ]
                                    [ - 1   4  ]
(%i2) B : matrix([-1,2],[4,2]);

                                    [ - 1   2 ]
(%o2)                               [         ]
                                    [  4    2 ]
(%i3) A+B;

                                    [ 2   1 ]
(%o3)                               [       ]
                                    [ 3   6 ]
(%i4) A-B;
```

Quanto a multiplicação de Matrizes, existe duas modalidades no MAXIMA. A primeira é a convencional onde fazemos o somatório das multiplicações de cada linha por cada coluna. Para isso fazemos uso do comando *A.B*. O outro modo não é muito convencional, é quando multiplicamos cada elemento da matriz A pelo seu correspondente na matriz B. Para isso fazemos uso do comando *A*B*, como nos exemplos a seguir.

```
                                    [  4    - 3 ]
(%o4)                               [           ]
                                    [ - 5    2  ]
(%i5) A.B;

                                    [ - 7   4 ]
(%o5)                               [         ]
                                    [  17   6 ]
(%i6) B.A;

                                    [ - 5   9 ]
(%o6)                               [         ]
                                    [  10   4 ]
(%i7) A*B;

                                    [ - 3   - 2 ]
(%o7)                               [           ]
                                    [ - 4    8  ]
(%i8) B*A;

                                    [ - 3   - 2 ]
(%o8)                               [           ]
                                    [ - 4    8  ]
(%i9)
```

12.7 Multiplicação de uma Matriz por um Escalar

No MAXIMA o sinal * também é valido quando efetuamos a multiplicação de uma matriz por um escalar. Além disso é possível gerar expressões matriciais, como as dos exemplos a seguir.

```
(%i1) A : matrix([3,-1],[-1,4]);

                                   [  3   - 1 ]
(%o1)                              [          ]
                                   [ - 1    4 ]
(%i2) B : matrix([-1,2],[4,2]);

                                   [ - 1   2 ]
(%o2)                              [         ]
                                   [  4    2 ]
(%i3) 3*A;

                                   [  9   - 3 ]
(%o3)                              [          ]
                                   [ - 3   12 ]
(%i4) 2*A+5*B;

                                   [  1    8 ]
(%o4)                              [         ]
                                   [ 18   18 ]
(%i5) A-2*B;

                                   [  5   - 5 ]
(%o5)                              [          ]
(%i6)                              [ - 9    0 ]
```

12.8 Potenciação com Matrizes

Efetuar a potenciação de uma matriz é multiplicá-la por ela mesma o número de vezes indicado no expoente. No MAXIMA é possível fazer esta operação. Como na figura abaixo, lembrando que o símbolo ^ indica a operação de exponenciação.

```
(%i6) A^5;
            [ 243  - 1  ]
(%o6)       [           ]
            [ - 1  1024 ]
(%i7) B^3;
            [ - 1   8 ]
(%o7)       [         ]
            [ 64    8 ]
(%i8)
```

12.9 Matriz de Cofatores

Para calcular os cofatores, inicialmente definimos a matriz e com o comando *minor*, indicando a matriz, a linha e a coluna para o cofator desejado, o MAXIMA nos apresenta, como na figura abaixo.

```
(%i1) A : matrix([3,-1],[-1,4]);
                                    [  3   - 1 ]
(%o1)                               [         ]
                                    [ - 1   4 ]
(%i2) minor(A,1,1);
(%o2)                                  [ 4 ]
(%i3)
```

13 Números Complexos

Com auxílio do MAXIMA também é possível trabalhar com números complexos, como será demonstrado neste último capítulo.

13.1 Adição de Números Complexos

Para iniciar as operações, inicialmente definimos números complexos armazenando-os em variáveis, como por exemplo z_1 e z_2 de tal forma que $z_1 = 5 + 3i$ e $z_2 = 3 - 4i$. Para somar z_1 e z_2 utilizamos o comando $z_1 + z_2$ que nos dará como resposta $8 - i$, conforme a figura abaixo.

```
(%i3) z1:5+3*i;
(%o3)                          3 i + 5
(%i4) z2:3-4*i;
(%o4)                          3 - 4 i
(%i5) z1+z2;
(%o5)                           8 - i
(%i6)
```

13.2 Subtração de Números Complexos

Como no item acima já definimos z_1 e z_2, para fazer a subtração basta inserir o comando $z_1 - z_2$. Podemos ainda subtrair sem fazer o armazenamento, conforme exemplos abaixo.

```
(%i6) z1-z2;
(%o6)                          7 i + 2
(%i7) 5+3*i-(3-4*i);
(%o7)                          7 i + 2
(%i8)
```

13.3 Multiplicação de Números Complexos

Para multiplicar os números z_1 e z_2, anteriormente armazenados, basta utilizar o comando $z_1 * z_2$, conforme exemplo a seguir.

```
(%i8) z1*z2;
(%o8)                         (3 - 4 i) (3 i + 5)
(%i9) expand(%);

                                   2
(%o9)                       - 12 i  - 11 i + 15
(%i10)
```

Na tela acima, inicialmente o MAXIMA nos apresenta os valores de z_1 e z_2 na forma fatorada. Onde em seguida, por meio do comando **expand** (expandir) conseguimos obter o resultado. Também é possível efetuar uma multiplicação sem o armazenamento de variáveis, como visto em operações anteriores.

13.4 Divisão, Potenciação e Radiciação com Números Complexos

De forma análoga as operações de adição, subtração e multiplicação, é possível efetuar a potenciação, a divisão e a radiciação, inserindo os símbolos que remetem a estas operações, como nos exemplos abaixo.

```
(%i1) z1=5+3*i;
(%o1)                         z1 = 3 i + 5
z2 = 3-4*i;
(%o2)                         z2 = 3 - 4 i
(%i3) (z1)^2-4*z2+z1/2;

(%o3)                            2    z1
                      - 4 z2 + z1  + --
                                     2
```

A Fórmula de De Moivre, utilizada para se realizar operações com números complexos, também está armazenada no software MAXIMA, por meio do comando **demoivre**, seguido da expressão, como nos exemplos a abaixo.

```
(%i47)  demoivre(exp(%i*theta));
(%o47)  %i sin( θ )+ cos( θ )

(%i48)  demoivre(5*exp(-%pi/6*%i));
```
$$(\%o48) \quad 5\left(\frac{\sqrt{3}}{2} - \frac{\%i}{2}\right)$$

```
(%i49)  demoivre((5+3*%i)*exp(5+%i));
```
$$(\%o49) \quad \%e^{5}(3\,\%i + 5)(\%i\, \sin(1)+ \cos(1))$$

13.5 Separação de Números Complexos

O MAXIMA traz um recurso que permite exibir as partes real e imaginária de um número complexo.

Para encontrar a parte real de um número complexo usamos o comando ***realpart***, seguido do número complexo desejado, ou da operação desejada, conforme exemplos a seguir.

```
(%i38)  realpart(5+6*%i);
(%o38)  5

(%i39)  realpart((5-7*%i)/(5+2*%i));
```
$$(\%o39) \quad \frac{11}{29}$$

```
(%i40)  realpart((x+y*%i)^2);
```
$$(\%o40) \quad x^{2} - y^{2}$$

Além de encontrar a parte real, no MAXIMA também é possível encontrar a parte imaginária de um número complexo, onde por meio do comando ***imagpart***, seguido do número complexo desejado, conseguimos separar a parte imaginária, como demonstrado nos exemplos a seguir.

```
(%i41)  imagpart(5+6*%i);
(%o41)  6

(%i42)  imagpart((5-7*%i)/(5+2*%i));
              45
(%o42)  -  ----
              29

(%i43)  imagpart((x+y*%i)^2);
(%o43)  2 x y
```

13.6 Módulo de Números Complexos

Outro recurso disponibilizado pelo MAXIMA, nos auxilia a encontrar o módulo de um número complexo, onde por meio do comando **cabs**, seguido do número complexo desejado, podendo este ser inserido no momento da operação ou armazenado na memória, conforme exemplos abaixo.

```
(%i8)  cabs(3-4*%i);
(%o8)  5

(%i9)  cabs(z1);
(%o9)  √34
```

13.7 Conjugado de Números Complexos

Para encontrar o conjugado de um complexo, basta utilizar o comando **conjugate**, seguido do número em questão, para que o MAXIMA apresente o conjugado do número informado, como no exemplo a seguir.

```
(%i11)  conjugate(3*%i-5);
(%o11)  -3 %i - 5
```

REFERÊNCIAS BIBLIOGRÁFICAS

FAGUNDES, L. C. **Aprendizes do futuro:** as inovações começaram. Coleção Informática para a Mudança na Educação. MEC/ SEED/ ProInfo, 1999.

MARTINI, A. H. **O software MAXIMA aplicado ao cálculo diferencial**. 2011. 214f. Dissertação (Mestrado em Matemática) - Universidade Estadual Paulista Júlio de Mesquita Filho, Rio Claro, 2011.

MILL, D. **Educação virtual e virtualidade digital: trabalho pedagógico na educação a distância na Idade Mídia.** São Paulo: Cultura Acadêmica, 2009.

RIZZIOLI, E. C.; MARTINI, A. H. **Cálculo Diferencial de Funções de Várias Variáveis**. 1. ed. São Paulo: Biblioteca 24 horas, 2014. v. 1. 258p.

TREVISAN, A. R. **Programa de Informática para Área de Exatas MAPLE V**. 1999. Projeto de Estágio (Licenciatura em Matemática) – Faculdade de Filosofia, Ciências e Letras de São José do Rio Pardo, 1999.

TREVISAN, A. R. **Introdução ao MAXIMA**: programa gratuito para cálculos matemáticos e representações gráficas. 2010. Curso de Formação em Serviço - Unidade de Ensino Médio e Técnico do Centro Paula Souza - CETEC/CPS. Disponível em: http://www.cpscetec.com.br/adistancia/maxima/.

TREVISAN, A. R. **MAXIMA Intermediário**. 2011. Curso de Formação em Serviço - Unidade de Ensino Médio e Técnico do Centro Paula Souza - CETEC/CPS. Disponível em: http://www.cpscetec.com.br/adistancia/maxima_intermediario/.

TREVISAN, A. R. **MAXIMA Avançado**. 2012. Curso de Formação em Serviço - Unidade de Ensino Médio e Técnico do Centro Paula Souza - CETEC/CPS. Disponível em: http://www.cpscetec.com.br/adistancia/maxima_avan

VALENTE, J. A. **Análise dos diferentes tipos de softwares usados na Educação**. Campinas: UNICAMP/NIED, 2002.